Christian Kuhn

Staatsschuldenwesen

Christian Kuhn

Staatsschuldenwesen

ISBN/EAN: 9783743325203

Hergestellt in Europa, USA, Kanada, Australien, Japan

Cover: Foto ©ninafisch / pixelio.de

Manufactured and distributed by brebook publishing software
(www.brebook.com)

Christian Kuhn

Staatsschuldenwesen

Staatsschuldenwesen.

Inaugural-Dissertation

verfasst und der

hohen staatswissenschaftlichen Facultät

der

Kgl. Bayr. Julius-Maximilians-Universität Würzburg

zur

Erlangung der staatswissenschaftlichen Doctorwürde

vorgelegt von

Christian Kühn

Rechtspraktikant aus Nürnberg.

Nürnberg

Druck von J. L. Stich

1899.

Seinem lieben Freunde

Dr. Roger de Campagnolle

gewidmet

vom

Verfasser.

Vorwort.

Vorliegende Arbeit verdankt ihre Entstehung einem Preisausschreiben der Bluntschli-Stiftung zu München 1894, für welches die staatswissenschaftliche Fakultät der Universität Zürich das Thema gestellt hatte: „Staatsbankerott und internationales Recht". Es wurde de lege lata und de lege ferenda eine Würdigung staatlicher Schuldenverpflichtungen sowie eine Darstellung derjenigen Maßnahmen gewünscht, welche vom internationalen Standpunkte aus gegen die Kürzung der Rechte von Staatsgläubigern ergriffen werden können.

Von der Ansicht ausgehend, dass die Anwendung von Repressivmaßregeln auf diesem Gebiete nicht mehr bedeutet, als den Versuch, eine Krankheit zu heilen, die man vorher bei nur einiger Aufmerksamkeit überhaupt hätte vermeiden können, erblickte ich den größten Teil meiner Aufgabe in der Darlegung eines zweckmäßigen und gesunden Anleihe- und Tilgungssystems, und demgemäß musste sich meine Behandlung des Themas auf die ökonomische Seite hinüberneigen. Bei dieser Sachlage konnte natürlich das Preisgericht, da eine Erörterung des Themas vom juristischen Standpunkte aus beabsichtigt war, dem vorliegenden Elaborate den Preis nicht zuerkennen, trug aber kein Bedenken, anzuerkennen, dass die Arbeit vom ökonomischen Standpunkte aus „une excéllente monographie sur les emprunts et la faillite des états" sei, „qui devrait d'être publiée par son auteur". Mag auch der wirkliche Wert dieser Arbeit mit jener wohlwollenden Kritik nicht übereinstimmen, so glaube ich doch, meinen Zweck erreicht zu haben, nämlich: ein Bild von dem bisherigen und gegenwärtigen Stand des Staatsschuldenwesens zu geben. Es kann nicht als ausschliessliche Aufgabe der Wissenschaft erkannt werden, immer neue Werte schaffen zu wollen. Von der Höhe des Berges zurückzuschauen auf den zurückgelegten Weg, ist für die Erfahrung und die Kenntnis des Wanderes ebenso wertvoll, als auf noch unbetretenen Bahnen zu wandeln.

Dass ich bei vorliegender Arbeit die inzwischen erschienene Preisarbeit von Pflug noch berücksichtigte, dürfte im Interesse der Vervollständigung geboten gewesen sein.

Nürnberg, im März 1899.

Der Verfasser.

Inhalts-Verzeichnis.

—

Einleitung.

§ 1.

Der politische und finanzielle Bankerott.

Motto: Die Weltgeschichte ist
das Weltgericht.

Wenn wir mit dem kritischen Auge des Staatsmannes
hinaus schauen auf das sturmbewegte Meer der Politik und
hier die einzelnen Staatsschiffe im Kampf mit Wind und
Wellen erblicken, — das eine bricht stolz und kühn die
heranstürmenden Wogen, das andere treibt, bereits der Segel
und Masten beraubt, ziellos auf den Wellen, während das
dritte nurmehr noch als Wrack einherschwimmt — so
werden wir nur zu bald erkennen, dass es keineswegs die
Macht der Elemente ist, die hier ihre zerstörende Gewalt
ausüben, sondern dass es nurmehr oft nur noch die Form
eines Schiffes ist, das da draussen schwimmt, das hinaus-
gefahren ist, morsch in allen seinen Teilen, unter schlechter
Führung und mit noch schlechterer Bemannung — ein Stoss
von aussen, und Kiel und Masten krachen zusammen. Zwei
Klippen sind es vor allem, an denen der Lenker eines Staats-
schiffes glücklich vorbeisteuern muss, gleichwie Odysseus an
der Skylla und Charybdis, das sind der politische und der
finanzielle Bankerott.

Politischer Bankerott — man könnte ihn auch nennen
Lebensunfähigkeit des betreffenden Reiches oder Volkes. Als
Rom unter den Genüssen des täglichen Lebens den Sinn
verloren für ernste Staatsgeschäfte, da pochten die jugend-
frischen germanischen Völker vernehmlich an seine Pforte,

1

und als in unseren Tagen es sich wiederum zeigte, dass das
türkische Reich nicht mehr im Stande sei, weder den Umfang
seines Gebietes mit eigener Kraft zu behaupten, noch ein
gedeihliches Verhältnis zwischen seinen mohamedanischen
und christlichen Unterthanen herzustellen, da war es nur die
Eifersucht der Grossmächte, welche den Termin der Katastrophe
noch hinaus schob und uns ruhig wiederum warten lässt, bis der
kranke Mann an Altersschwäche stirbt. Und der politische
Bankerott hat meistens seine Ursache in dem finanziellen.
Das ganze Verhältnis zwischen beiden lässt sich wohl am
besten darlegen mit der bekannten Fabel von Menanius Agrippa.
Die Finanzen eines Staates, dem Magen vergleichbar, bedingen
das Wohlbefinden des ganzen Staatskörpers. Ist dieser Teil
krank, so werden es allmählich alle Glieder des ganzen
Organismus, und dem Krankheitsprozess folgt der Auf-
lösungsprozess bald rascher, bald langsamer, je nachdem
Mittel zur Heilung versucht und angewendet werden. Daher
ist die systematische und zweckmäßige Regelung der Finanzen
die erste und vornehmste Aufgabe eines Staates.

Die Finanzwirtschaft ist die Kunst, stets das Gleichgewicht zwischen Einnahmen und Ausgaben zu bewahren.
Natürlich wird hier die erste Rolle eine geordnete Regelung
des Staatsschuldenwesens spielen. Die hier maßgebenden
Gesichtspunkte zu finden, die richtigen Wege zu zeigen,
welche allein zu einer für das Wohl des Staates erspriesslichen
Thätigkeit der Finanzorgane führen, ist die Aufgabe der
vorliegenden Abhandlung. Wir werden daher die bisher
üblichen Anleihe- und Tilgungssysteme einer kritischen
Betrachtung unterziehen, um hierauf zu der einzig richtigen
Schuldart zu gelangen, auf Grund deren wir dann die
verschiedenen Maßnahmen anführen wollen, mit denen wir
das drohende Gespenst des Staatsbankerottes beschwören zu
können glauben.

Das Wesen des Staatskredites im allgemeinen dürfte
schon zu genügend erörtert sein, als dass es nötig wäre,
innerhalb des Rahmens dieser Arbeit darauf noch einmal
zurückzukommen, und wir gehen daher gleich in medias res!

§ 2.
Die beiden Hauptarten von Staatsschulden[1]).

Wir können sämtliche Arten von Staatsschulden unter zwei Hauptgesichtspunkte bringen, von denen wir aus dann das gesamte Staatsschuldenwesen einer kritischen Prüfung zu unterziehen im Stande sind. Und zwar teilen wir sie ein je nach der Zeitdauer, für welche sie aufgenommen sind, und erhalten so den Unterschied zwischen schwebenden und fundierten Schulden.

Unter schwebenden Schulden[2]) (unfundierte, laufende Schulden, Kassenschulden, dettes flottantes, floating debts) versteht man solche, welche, für einen bestimmten, bald kürzeren, bald längeren Zeitraum aufgenommen, bis zum Ablauf desselben zurückzuzahlen sind. Dazu gehören auch die stets fälligen Schulden mit oder ohne Kündigungsfrist.

Rentes flottantes nennt man in Frankreich die leicht beweglichen Renten, welche sich im Besitze von Bankhäusern, Mäklern und Kapitalisten befinden. Doch wendet man den Ausdruck flottant auch auf fundierte Schulden in Frankreich an. Die rentes classées dagegen sind diejenigen, die, unter viele Eigentümer verteilt, sich in festen Händen befinden. Für ihre Existenz muss im laufenden Etat stets Sorge getragen werden. Mittel für diese Schuld sind die Begebung von Schatzscheinen und die Ausstellung von Wechseln an die Gläubiger. Hieher gehören auch die deutschen Reichskassenscheine als einlösbares Papiergeld, von denen noch später die Rede sein wird.

Unter fundierten Schulden[3]) dagegen versteht man Schulden, welche für eine längere Zeit, und zwar meistenteils mit einem beschränkten Kündigungsrechte auf Seite des Gläubigers oder ohne ein solches, aufgenommen worden sind.

Der Staat verpflichtet sich nur zur Rückzahlung binnen einer bestimmten Frist, oder ohne eine solche nach einem bestimmten Tilgungsplane, oder ohne einen solchen.

[1]) Lehr, Artikel über Staatsschulden im Handwörterbuch der Staatswissenschaften. Jena 1893, Bd. V, S. 820—846.
[2]) Lehr, l. c., S. 825.
[3]) Lehr, l. c., S. 826.

Auch kann der Staat überhaupt keine Tilgungspflicht übernehmen. Zur fundierten Schuld gehört auch das uneinlösliche Papiergeld, indem auch hier der Staat nach einer Begebung auf lange Zeit keine Tilgungspflicht übernommen. Man [1]) spricht auch von einer konsolidierten Schuld und bezeichnet damit die ganze Schuldart, während es doch genauer wäre, damit nur die Art ihres Entstehens zu charakterisieren.

Konsolidierung ist nämlich derjenige Prozess, durch welchen entweder eine schwebende Schuld oder eine Papiergeldschuld in eine feste Schuld verwandelt wird. Dabei müssen wir unterscheiden zwischen direkter und indirekter Konsolidierung. Die direkte Konsolidierung [2]) entsteht dann, wenn der Staat den Inhabern der die schwebende Schuld bildenden Anweisungen statt der für diese Anweisungen fälligen Zahlungen in Geld die Ablösung der Verbindlichkeit durch Hingabe von Staatsobligationen darbietet.

Dabei können die Obligationen denjenigen entnommen werden, welche noch von einer früheren Anlage vorhanden und noch nicht ausgegeben sind, oder den in Tilgungsfonds niedergelegten Obligationen.

Bei der indirekten oder gesetzlichen Konsolidierung [3]) besteht das Objekt meistenteils aus der Depositenschuld des Staates und der Verwaltung der Kapitalien öffentlicher Anstalten. Seine höchste Ausbildung hat dieses System in der Caisse des depôts et des consignations in Frankreich gefunden. Die Gesetze in England über die Sparkassen Saving banks konsolidiert in 26. 27. Vict. 87 über die Friendly societies in 26. 27. Vict. 63. In Deutschland ist in Ermangelung diesbezüglicher Vorschriften die Anlage der Bestände in Staatspapieren vielfach praktisch. Da sich jedoch die Theorie in der Lehre vom Staatsschuldenwesen mit diesem Thema nicht befasst, so möge auch hier diese kurze Auseinandersetzung genügen.

---

[1]) von Stein, Lehrbuch der Finanzwissenschaft, 4. Aufl., S. 513 ff.
[2]) Stein, l. c., S. 514.
[3]) Stein, l. c., S. 515.

Um nun noch ein Wort über den Ursprung des Wortes „fundiert" hinzuzufügen, so sei noch bemerkt[1]): Dasselbe stammt aus England. Hier kam im Jahre 1688 der Grundsatz auf, dass das Land nur für solche Schulden aufzukommen habe, welche das Parlament auf Antrag der Regierung eigens bewillige. Eine Anleihe sollte nicht eher eröffnet werden, als bis ein sicheres Staatseinkommen bestimmt werden könnte, welches ausreiche zur Rentenzahlung und zur Bildung eines Tilgungsfonds. Für jede einzelne bewilligte Schuld wurde gleich eine besondere Steuer bestimmt, deren Ertrag zur Verzinsung und Tilgung zu verwenden sei, daher Fundation funded debt. Nun wurden im Jahre 1751 mehrere bis dahin von einander getrennte Fonds zu 3 % zu einem einzigen verschmolzen, daher: consolidated fund, consolidated stocks oder kurz Konsols. Dieselben haben sich auch in Deutschland eingebürgert, indem die infolge der Konvertierung von 1869 ausgegebenen preussischen Papiere, welche vor 1886 nicht zurückbezahlt werden sollten, auch Konsols genannt wurden. Für die englischen wie für die preussischen hatte der Schuldner keine bestimmten Rückzahlungspflichten übernommen. und so verstand man denn allmählich unter den Konsols Schuldverschreibungen ohne Tilgungspflicht, im Gegensatze zu den planmäßig amortisierbaren Obligationen[2]).

Erster Abschnitt.

Die bisherigen Anlehens- und Tilgungsmethoden.

1. Kapitel.

Schwebende Schulden.

§ 3.

Ausgaberückstände.

Die einfachste Form der Entstehung einer Staatsschuld ist die Nichtzahlung der eingegangenen Verbindlichkeit, die Anhäufung eines Ausgaberückstandes. Sie ist wohl die primitivste, naivste Kreditoperation und kann nur aus einem vollkommen zerrütteten Finanzhaushalte hervorgehen[1]). Roscher weist sehr treffend darauf hin, wie der Staat z. B. bei Rückständen in der Bezahlung seiner Beamten sich in sein eigenes Fleisch schneidet. Er zieht ein Proletariat unter seinen Beamten gross, das zu Bestechungen, Untreue und Unterschlagungen führt, denn der kleine Beamte ist ja meistens auf die bescheidene Summe, welche sein Gehalt ausmacht, zur Erhaltung seines Lebens angewiesen. Ein solcher Staat, der nicht einmal mehr im Stande ist, seine eigenen Stützen zu erhalten, ist zum Untergange reif, und mit seinem Untergange vollzieht sich nur ein wohlverdientes Gericht.

§ 4.

Antizipationen[2]).

Eine bereits höher entwickelte und nach Ursache und Wirkung weniger erschreckende Art der Schuldenkontrahierung und Tilgung sind die Antizipationen. Die ursprünglichen

---

[1]) Roscher, System der Volkswirtschaft, Bd. IV, 4. Aufl., § 135 a.

[2]) cf. Adolf Wagner, Artikel über Staatsschulden im Staatswörterbuche von Bluntschli und Brater 1867, Bd. X.

Antizipationen waren zwangsweise oder freiwillig bewirkte Vorausbezahlungen künftiger Steuern, und daher auch ihr Name. Sie gehen meistens hervor aus unvorhergesehenen, ausserordentlichen Bedürfnissen; man will eine Schuldenaufnahme auf nur kurze Zeit ins Werk setzen, diesen Betrag dann in späteren ruhigen Zeiten durch die ordentlichen Einnahmen wieder zurückzahlen oder durch ein ordentliches Anlehen fundieren [1]). Der Name wurde auch ausgedehnt auf die Ausgabe von verzinslichen und unverzinslichen Schuldscheinen. Allein so gelungen sich auch ein solcher Plan auf den ersten Anblick hin ausnehmen mag, so führt seine Verwirklichung den Staat auf Wege, die in einem Abgrunde enden können. Antizipationen, besonders solche von Steuern, sind doch eigentlich „ein auf die Nachwelt gezogener Wechsel". Es wird des Näheren später dargelegt werden, dass es vollkommen unzweckmäßig ist, ausserordentliche Bedürfnisse durch ordentliche Einnahmen decken zu wollen, um wie viel mehr ist dies dann noch der Fall, wenn erstere in einer weit früheren Zeit entstanden als letztere.

Und wenn man am Ende daran doch noch etwa fundieren will, warum nimmt man diese Operation nicht gleich vor auf dem Wege eines Anlehens? Man wird vielleicht lächelnd einwenden: ja, wenn ein Anlehen zu bekommen ist in der und der Krisis? Allein von der Möglichkeit ganz abgesehen, die selten fehlen wird, dürfte es immer noch besser sein, vom Ausland zu etwas höherem Zinsfusse zu leihen, als vom eigenen Lande Steuern zu antizipieren und damit seiner eigenen Volkswirtschaft die Axt an die Wurzel zu legen. Denn die Steuern werden auch später nicht aufhören, und wir hätten dann eine Erhöhung der Steuerlast, die kaum gerechtfertigt werden könnte. Adolph Wagner zeigt in dem zitierten Artikel noch auf die Folgen hin, welche die beständige Gefahr der nicht rechtzeitigen Rückzahlung der Schuld oder der Nichteinlösung der Obligationen mit sich bringen würde, auf die Notwendigkeit, in einem monarchischen Staate eventuell dem Finanzministerium einen Maximalkredit für Antizipationen zu be-

---

[1]) l. c. S. 23.

willigen, um mit der Bemerkung zu schliessen, dass hier eine Staatsschuldenkommission ein ihrer besonderen kontrollierenden Aufmerksamkeit würdiges Gebiet ihrer Thätigkeit finden würde.

Das grossartigste Beispiel einer Antizipation bildet die äusserlich freiwillige, aber moralisch erzwungene Grundsteuerantizipation Italiens von 1864/65.

Auch in Preussen erfolgte 1812 eine Steuerantizipation, in Oesterreich 1762; 1859 wurden bei der Antizipation des venetianischen Zwangsanlehens 20 Millionen Gulden ausgegeben [1].

§ 5.
Schatzscheine und Schatzanweisungen.

Eine weit erfreulichere Erscheinung als die bisher genannten Methoden der Schuldenkontrahierung bilden die Schatzanweisungen, und da sie eben einen Teil unseres Staatsschuldenwesens darstellen, von dem wir hoffen, dass er sich noch weiter entwickeln möge, so verschieben wir seine Besprechung in denjenigen Abschnitt unserer Erörterungen, welche die Vorschläge zu einer Umgestaltung unseres Staatsschuldenwesens enthalten. cf. § 28.

§ 6.
Die gegen die Zwangsanlehen im allgemeinen sprechenden Gründe.

Die Ausgaberückstände, wie die Antizipationen sind eigentlich doch mehr oder minder immer Zwangsanlehen, und selbst die Schatzscheine nennt Wagner dauernd systemisierte Antizipationen [2], und es erübrigt also noch, diese Anlehensmethoden auch von dieser Seite zu beleuchten.

Wenn wir auch bereits die einzelnen Arten zurückgewiesen haben, so ist es doch noch unsere Aufgabe, das System der Zwangsanleihen als solches zu untersuchen und zu prüfen.

---

[1] l. c., S. 23.
[2] cf. § 28.

Die Bezeichnung Zwangsanlehen (emprunts forcés) könnte
eine contradictio in adiecto genannt werden. Allein hier ist
der springende Punkt in dem äusserlich beeinflussten Wollen
enthalten. Was die Berechtigung des Staates hiezu anlangt,
so ist dieselbe nicht etwa in dem Nachtwächterdienste zu
suchen, den der Staat den einzelnen leistet, und wofür er seine
Dankbarkeit verlangen kann, wie Lasalle einmal bezüglich der
Frage über die Berechtigung der Steuern bemerkte, sondern
die Souveränität des Staates ist es, welche diese Berechtigung
verleiht. Der Staat ist die Organisation des Volkes und als
solcher ein historisch gewordenes Gebilde aus der Gesellschaft erwachsen. Und in diesem seinem Existenzrecht ruht
auch die Notwendigkeit, die zu seiner Existenz unentbehrlichen
Bedingungen sich zu verschaffen. Deshalb begreift die
Souveränität des Staates das Recht in sich, allen innerhalb
seiner Machtsphäre befindlichen Einzelwirtschaften diejenigen
wirtschaftlichen Güter zu nehmen, deren er zu seinem Bestehen bedarf. Allein mit dieser philosophischen Begründung
der Zwangsanlehen ist die Berechtigung vom finanzwirt-
schaftlichen Standpunkte aus noch lange nicht bewiesen.
Denn über die Art von Anlehen entscheiden die finanziellen
Gesichtspunkte der Zweckmäßigkeit ausschliesslich. Wenn
auch der Satz von Justis [1]) unzweifelha/t richtig ist, dass in
Notfällen des Staates jeder Unterthan verpflichtet ist, sein
Vermögen zum Teile herauszuziehen, so muss ein solches Anlehen nach den Worten Colberts doch immer den Charakter
von donts gratuits an sich tragen, die mit beaucoup de
persuation et un peu de contraint gegeben worden sind [2]).
Eine Auferlegung an einzelne willkürlich bezeichnete Personen,
wie es im Mittelalter geschah, wäre heutzutage sehr gefährlich, denn das hiesse den Staat einigen einzelnen reichen
Privaten ausliefern. Denken wir dagegen andererseits an
eine Verteilung über ganze Provinzen, Kreise, Städte u. s. w.,
so erhalten wir eine ganz ungerechte und unerträgliche
Steuerverteilung. Im Gegensatze zu Steuern erfolgt die Bei-

---

[1]) Staatswirtschaft, § 402.
[2]) Lehr, l. c., S. 827.

treibung meist zu schnell, nicht alle Kapitalien sind immer in gleicher Weise disponibel. Mancher muss in solchen Fällen wieder neue Gelder aufnehmen, die er dann oft nur zu exorbitanten Bedingungen erhalten kann. Auch bei ausgeschriebenen Anleihen wurde noch meistens das Geld nicht aufgebracht.

Eine wie grosse Unbeliebtheit Zwangsanleihen geniessen, zeigt die Anleihe des Konvents, die statt 1000 nur 400 Millionen einbrachte, obschon alles Einkommen über je 10 000 Frs. ganz weggenommen, alle kleineren progressiv mit einem oder mehreren Zehnten belegt wurden. So musste auch die Zwangsanleihe des Direktoriums gleich nach ihrer Entstehung nach dem 18. Brumaire abgeschafft werden [1]. Ferner wird in solchen Fällen ein grosser Missbrauch in parteilichen und konfessionellen Kämpfen getrieben. Aus allen diesen Gründen hat sich in neuerer Zeit die ganze Theorie gegen die Zwangsanlehen ausgesprochen.

Nur Wagner hat das Postulat aufgestellt: man solle in Friedenszeiten einen Einkommenskataster aufnehmen, um auf Grund desselben in Kriegszeiten Zwangsanlehen ausschreiben zu können, dann fiele in Zukunft die Ungerechtigkeit weg. Allein man kann eben in diesen Kataster nur den Betrag des Vermögens eintragen, nicht aber den Grad der Disponibilität Wer kein disponibles Geld hat, müsste dann Geld zu Wucherzinsen aufnehmen und mehr bezahlen, als er vom Staate vergütet erhält.

2. Kapitel.

Papiergeld.

§ 7.

Allgemeine Vorbemerkung.

Gleichsam als eine verbindende Brücke führt uns von den schwebenden Schulden das Papiergeld hinüber zu den fundierten Schulden. Wie es einerseits als einlösbares Staats-

[1] Roscher, System der Volkswirtschaft, 1894, Bd. IV, § 135a, Anm. 13.

papiergeld zu den schwebenden Schulden zu rechnen ist, so gehört es andererseits als uneinlösbares Staatspapiergeld zu den fundierten Schulden, und es dürfte also hiermit seine systematische Stellung innerhalb des Rahmens unserer Darstellung gerechtfertigt sein.

§ 8.
Nachteile des Papiergeldwesens[1]).

Wagner nennt das Staatspapiergeldwesen eines der grössten Uebel der neueren Zeit, indem er von der Ausgabe uneinlösbaren Zwangskurspapiergeldes spricht, und er deutet das Grundübel dieser ganzen Institution leise an: nämlich den Ursprung, den Anlass der Schaffung von Papiergeld. Wenn der Staatskredit sich als unzulänglich erweist und die Aussichten, eine gute Anleihe aufnehmen zu können, immer geringer werden, dann greift man zum gedruckten Geld und zaubert gleich einem Mephisto neue Werte in die Welt. Und diese neue Institution sucht man dann noch zu festigen, indem man sie als gesetzliche Zahlungsmittel erklärt und sich daneben noch manchmal durch Verschlechterung der Währung, durch Raub und Betrug hilft. Als man auf dem Kongresse in Hannover 1864 auch über die soeben angeschnittene Frage debattierte, wies man sie mit dem Bemerken ab, der Staat müsse eben „reich werden", und Wagner bemerkt dazu sehr sarkastisch, aber treffend: es sei nur schade, dass die Feinde nicht diesen Zeitpunkt immer abwarten[2]).

Calonne sagt von der Ausgabe des Papiergeldes, es sei un moyen de faire la banqueroute sans la déclarer[3]).

Vor allem liegt die Gefährlichkeit des Papiergeldes in der fortwährenden Möglichkeit von Schwankungen, die oft ganz bedeutend werden können. So standen z. B. die französischen Tresorscheine im Juni 1809 auf 36 % ihres

---

[1]) cf. Adolph Wagner, Artikel über Papiergeld im Staatswörterbuch von Bluntschli und Brater 1862, Bd. VII; ausserdem Hock, Die öffentlichen Abgaben und Schulden, Stuttgart 1863, §§ 42—45.

[2]) Deutsches Staatswörterbuch, l. c., Bd. X, S. 19.

[3]) Roscher, System d. Volksw. 1894, Bd. IV, § 135 a. Anm. 9.

Nennwertes, im Juni 1810 auf 84 1/2. Januar 1812 = 83 1/2, im Dezember 1812 = 44 1/2, im Juni 1813 = 26 1/2, am 8. Juli 1813 = 24 1/2, am 31. Dezember 1813 = 49 1/2, am 6. Januar 1815 = 88 und am 5. Januar 1816 = 99 % — ein grosses Hazard- oder Glücksspiel, nur dass es, wie Helferich bemerkt, dem einzelnen nicht überlassen bleibt, ob er mitspielen will oder nicht[1]).

Sodann wird aus der akuten Krankheit eine chronische[2]). Natürlich meistens in kritischen Zeiten aufgenommen, vermag auch das Papiergeld die Situation nicht zu retten; wenn an der Spitze der anderen rivalisierenden Staaten nur einigermaßen begabte Staatsmänner stehen, so verbieten sie ihren Unterthanen die Annahme des fremden Papiergeldes, indem sie es als ungesetzliches Zahlungsmittel erklären, und nun macht sich der bekannte Greshamsche Grundsatz geltend: Schlechtes Geld vertreibt gutes Geld. Die Goldmünzen wandern über die Grenze, und das schlechte Geld bleibt im Lande. Die Folge ist die Entwertung der Valuta[3]). Der Rest des Metallgeldes reicht nicht hin, die Bedürfnisse des Umlaufes zu decken, der drohende Verlust drängt das Papiergeld immer mehr aus dem Verkehre, und man sucht die Lücken durch Metallgeld auszufüllen. Das Rückströmen dieses Metallgeldes gereicht natürlich dem Emittenten und denjenigen, die versprachen, es al pari anzunehmen, zum grossen Nachteil, denn mit der Menge des rückströmenden Metallgeldes sinkt das Papiergeld in seinem Werte, es mag eine neue Emission stattgefunden haben oder nicht. Ausser der Entwertung der Valuta zieht dann die Papiergeldkrisis den gefährlichsten Schmuggel gross. Denn um den Zwangskurs zu sichern, muss der Abschluss von Geschäften in anderer als Papierwährung, das Einschmelzen und vor allem die Ausfuhr von Edelmetallen verboten werden[4]). Um den Wert der Schmugglerprämie, die nun der Ausländer zahlen muss, erhöht

---

[1]) Roscher, System d. Volksw. 1892, Bd. III, § 53, Anm. 16 u. 17.
[2]) Adolph Wagner, l. c., S. 674.
[3]) Hock, l. c., S. 353.
[4]) Hock, l. c., S. 355.

man den Preis der Waren im Auslande, oder schätzt um
denselben den Wert des Papiergeldes niedriger [1]). Das
umlaufende Metallgeld mindert sich immer mehr, es folgen
immer neue Emissionen von Papiergeld, dessen Wertabnahme,
wenn auch stets um kleinere Grössen, ununterbrochen fort-
dauert. Der Wert des Papiergeldes nimmt dann zuletzt so
ab, dass der Staat nicht mehr die Druckkosten zu decken
vermag und nun die vollkommene Wertlosigkeit all der
unendlich vielen Scheine auszusprechen sich gezwungen sieht.
So waren in Frankreich während sieben Jahren die Assignaten
von 400 Millionen auf 32,834 Millionen, die Mandate auf
2407 Millionen Francs, in vierzehn Jahren die Bankozettel in
Oesterreich von 88 Millionen auf 2650 Millionen Gulden
gestiegen, der Wert der Assignaten war auf $0.3-0.5$ %,
die Mandate auf $2-4.6$ %, die Bankozettel auf 6 % des
Nominalbetrages gefallen, bis das Gesetz vom 16. März und
26. Juni 1796 und vom 20. Februar 1811 den Staatsbankerott
aussprachen [2]). Das traurigste, aber zugleich lehrreichste
Beispiel der Valutaentwertung durch das Papiergeld bietet
bezüglich der russischen Papiergeldgeschichte Bergius in
seiner Finanzwissenschaft. Die erste Papiergeld-Emission
erfolgte hier anlässlich des Krieges mit der Türkei. Das
Manifest vom 29. Dezember 1768 von Katharina II. erklärte
das damalige Hauptzahlungsmittel in Russland, das Kupfer-
geld, für den Verkehr und für die Versendung von Ort zu
Ort wenig mehr geeignet und schuf die Assignationen. Nach
dem Ukas vom 10. Januar 1774 sollten mehr als 20 Millionen
an Papiergeld ausgegeben werden. Doch bestimmte das
Manifest vom 28. Juni 1786, dass die Menge der Bank-
assignationen nie und in keinem Falle mehr die Summe von
100 Millionen überschreiten dürfe. Dennoch stieg von 1788
bis 1796 die Zahl der Assignationen von 40 Millionen auf
150 Millionen Rubel, und mit der Vermehrung der Assignationen
stiegen die Steuern nach Qualität wie nach Quantität, und

---

[1]) l. c., S. 356.
[2]) Hock, l. c., S. 357.

beim Tode der Kaiserin am 9. November 1796 waren 157,703,000 Rubel Papierpeld ausgegeben, und bis zum Jahre 1810 war der Betrag der Assignationen auf 577 Millionen Rubel angewachsen. Dass eine solche Valutaentwertung in der gesamten Volkswirtschaft ihre verderblichen Folgen bemerkbar und fühlbar werden lässt, ist unausbleiblich. Der Wohlstand des ganzen Volkes wird untergraben, denn wie viele gibt es, deren ganzer Lebensunterhalt aus Kapitalrenten und festen Besoldungen fliesst, die mit zum Kerne des ganzen Volkes gerechnet werden müssen und nun in entwertetem Papiergeld bezahlt, verarmen, in das Proletariertum herabsinken! Die Produktion wird gelähmt, niemand wagt es mehr, bei der Unsicherheit des Zahlungsverkehrs Verträge für die Zukunft abzuschliessen, die Waren werden verteuert, der Spargeist verschwindet, und an seine Stelle tritt die Spekulationssucht, die von den Bankiers an den Börsen zum Nachteile des ganzen Volkes ausgemacht wird; es erfolgt ein allgemeiner Umsturz der Vermögensverhältnisse zu Gunsten des Schuldners und zum Nachteile des Gläubigers infolge der allgemeinen Rechtsunsicherheit und des Fehlens jeglichen geordneten Geldverkehrs, darum war auch der nordamerikanische Bürgerkrieg im Nord-Westen zum Teile deshalb so populär, weil die Entwertung des Papiergeldes in den Provinzen nun Gelegenheit bot, sich von den lästigen Hypothekenschulden auf eine leichtere Weise zu befreien [1]). Die Wirkungen eines solchen entwerteten Papiergeldes auf die Staatsfinanzen und den Staatskredit sind zerstörend, vernichtend [2]). Da die Staatseinnahmen die gleichen bleiben, aber mit dem eingehenden Gelde weniger zu beschaffen sind, so verliert der Staat um den Betrag, um den die Preise steigen, an Kaufkraft, also auch an Leistungsfähigkeit. Ferner erleidet er bei billiger Papiergeldwirtschaft und der daraus sich ergebenden Bedürftigkeit an Silber durch den in solchen Fällen unumgänglichen Agiobetrag einen offenkundigen Nachteil. Dasselbe

---

[1]) Roscher, l. c., 6. Aufl., Bd. III, S. 259, Anm. 4.

[2]) Wir folgen im nachstehenden den Ausführungen Wagners im zitiertem Aufsatz.

ist nach der Meinung Wagners der Fall, wenn er den Zwangskurs zu seinen Gunsten bei gewissen Abgaben, wie Zöllen
und Steuern, beschränkt und Zahlung in Münzen verlangt.
Doch dürfte hier die Notwendigkeit, ein Agio gewähren zu
müssen, nicht gegeben sein, wenigstens nicht bei den Steuern,
da die Steuerpflicht zu den Unterthanenpflichten überhaupt
gehört, der Unterthan also bei der Entrichtung einer Steuer
nur seine Pflicht thut, mag er sie zahlen müssen in dem
oder dem Werte, während bei den Zöllen die Sache sich
anders verhält. Fremde Produkte von gewisser Art sind für
manches Land unentbehrlich. Wollte man also den Ausländer
zwingen, ohne Agio den Zoll in Münze zu zahlen, während
das ganze Land dem Auslande vielleicht nur in entwertetem
Papiergelde zahlt, so würde er durch Entziehung seiner Produkte
das betreffende Land in grosse Verlegenheit bringen können.

Weiterhin erfährt der Staat einen grossen Schaden bei
völliger Papiergeldwirtschaft durch die Minderung des Ertrages
der indirekten Abgaben, der Verbrauchssteuern und Staatsmonopole insbesondere. Denn bei der allgemeinen Teuerung
verringert sich auch der Konsum und mit ihm natürlich auch
der Betrag der diesbezüglichen Abgaben.

Hoher Zinsfuss und niedrige Kurse, das sind die Folgen für
den Staatskredit [1]. Denn, da die Zahlung, in Münze versprochen,
nur in Papiergeld geleistet werden kann, so enthält dieses Vorgehen einen schweren Vertragsbruch, einen verdeckten Staatsbankerott. Und wenn auch wieder Silbergeld eingeführt wird,
so bewirkt doch die stete Befürchtung einer Wiederholung das
Sinken des Kredits und eine Verteuerung neuer Anleihen. Die
dadurch notwendig werdende Erhöhung des Zinsfusses als
eine Erhöhung der Steuern zu rechtfertigen, weist Wagner
mit allem Recht entschieden zurück, denn dieselbe sei dem
Prinzip der gerechten Verteilung der Steuern gerade entgegengesetzt. Denn sie treffe den Beamten, Militärsmann, der sie
am wenigsten verdiene, in der gleichen ungerechten Weise
wie den Arbeiter, der sie am schwersten trage.

---

[1] cf. Wagner, l. c., S. 675.

§ 9.

Scheingründe zu Gunsten des Papiergeldes.

Hock führt noch einige Scheingründe zu Gunsten des Papiergeldes an, freilich, um sie dann sofort zu widerlegen. Man beruft sich, so sagt er[1]), in erster Linie auf die Sicherheit, welche durch das gesamte Volksvermögen gegeben sei; man meint, der Staat brauche nur die Haftung des ganzen Volkseigentums für das Papiergeld zu proklamieren, und die Gefahr jeglicher Krisis sei beseitigt, denn die Summe des Papiergeldes sei verschwindend klein gegenüber dem bedeutenden Werte des Volkseigentumes. So wies auch Mirabeau in seiner berühmten Rede zu Gunsten der Assignaten auf die Verbürgung derselben durch die Nationaldomänen hin.

Allein wie kann man das Volkseigentum haften lassen, wenn dasselbe durch die Papiergeldwirtschaft in seinem ganzen Bestande angegriffen wird, wenn Handel und Wandel stocken? „Eine auf dem Papier gegebene Sicherheit für die Zukunft kann die fehlende Zahlung in der Gegenwart nicht ersetzen“, und ganz richtig sagt Mich. Chevalier bei Besprechung der Rede Mirabeaus, dass ein Feld noch lange kein Geld sei. Was nützt mich ein anderes Gut, wenn ich es nicht versilbern kann! Das Volkseigentum soll haften für das Papiergeld, und will ich nun diesen Gedanken realisieren, so kann ich seinen Wert nur wiederum durch Papiergeld ersetzen; also Haftung des Papiergeldes für Papiergeld. — eine Seifenblase von Gedanken. In zweiter Linie spricht man von der die Vermehrung des Geldes übersteigenden Vermehrung der Güter und hielt eine Ausgleichung dieses Missverhältnisses durch das Papiergeld für notwendig. Hock hebt hervor und weist richtig darauf hin, dass man, als diese Theorie ins Leben trat, die grossen Goldlager in Amerika und Australien noch nicht entdeckt hatte, sonst würde man wohl einen Ausgleich durch Münzen vorgeschlagen haben, aber selbst dieser ist ja nicht mehr notwendig infolge unseres modernen Kreditverkehrs. Durch die beiden Haupteigen-

---

[1]) Hock, l. c., S. 352.

schatten des Wechsels in wirtschaftlicher Beziehung als
Zahlungsmittel und Kreditinstrument, sowie durch die
Clearing houses werden an einem Tage Millionen umgesetzt,
ohne dass auch nur ein Pfennig durch den Finger gleitet.

§ 10.

Die Lösung des Problems.

Soll dieses Problem der Papiergeldfrage gelöst werden,
so sind hier zunächst einige allgemeine Vorbedingungen unerlässlich.

Vor allem muss der Staat das unbedingte Vertrauen
seiner Gläubiger geniessen, und die Ausgabe darf sich nur
stets innerhalb des Verkehrsbedürfnisses bewegen und ein
vorübergehendes Hilfsmittel bilden. Eine sofortige, andauernde
und leichte Einlösbarkeit muss zugesichert werden und derselben auch die wirkliche Einlösung in der Praxis auf dem
Fusse folgen.

Ein Haupterfordernis ist die Beseitigung des Zwangs-
kurses und möglichst ausgedehnte Erhöhung der Schnelligkeit
des Umsatzes, damit die Edelmetalle entbehrlich gemacht
werden.

Und in dieser Beziehung bietet uns die Zukunft ein sehr
tröstliches Bild durch die Entstehung neuer Kommunikations-
und Absatzwege, durch Fabriken, Handelsgesellschaften,
Banken, Kreditanstalten, Börsen und Clearing houses.

Neben diesen allgemeinen Erfordernissen sind aber auch
noch ganz besondere Maßregeln zur Reform des Staatspapiergeldwesens zu ergreifen. Denn ein laisser faire laisser aller
in dieser Beziehung wäre, um uns der Worte Roschers zu
bedienen, die Resignation der Verzweiflung, der sich kaum
eine noch vernünftig denkende Regierung hingeben wird.
Freilich kennt die Geschichte auch Beispiele dieser Art. Es
ist ein Los, das gewöhnlich dem Papiergeld eines nachmals
besiegten Aufstandes zu teil wird, wie es 1849 dem unga-
rischen und 1863 dem der nordamerikanischen Sklavenstaaten

widerfahren[1]). Im übrigen wird es sich bei Lösung dieses
Problems stets um die Frage handeln, wie weit das Uebel
schon vorgeschritten ist; ist es noch zu heben, dann kann
es nur geschehen durch Tilgung des Staatspapiergeldes, durch
die Zettelbank, Umwandlung in Banknoten oder in eine
fundierte Schuld. Der Staat wird sich dabei als Gesetzgeber
nur von den allgemeinen Grundsätzen der Gerechtigkeit und
der Politik leiten lassen müssen, denn seine heilige Pflicht
zur Einlösung ist eine der ganzen Gesellschaft gegebene
Garantie[2]). Und zwar ist das nächste Mittel, um diesem Uebel
des Papiergeldwesens Schranken zu setzen: Man muss einen
Preis fixieren[3]) und das Papiergeld so schnell wie möglich
einzuziehen suchen, und zwar mittelst Einführung der Edelmetalle in die Zirkulation in dem nämlichen Verhältnisse, in
welchem das Papiergeld verschwindet. Dabei ist natürlich
auch nötig, den Bewegungen des Handels bei der Einziehung
zu folgen. So wird man nur günstige Handelskonjunkturen
benützen, um grössere Summen aus dem Umlauf zu ziehen.
Ein grösserer oder geringerer Betrag von Papiergeld gelangt
an den Staat in Steuerzahlungen zurück, und zwar ein um so
grösserer Betrag, je mehr der Kredit des Papieres schwankt
und seine Besitzer es gerne al pari los werden möchten.
Erleichtert[4]) wird der Vollzug wesentlich durch die Umwandlung des Staatspapiergeldes in Banknoten oder einlösliches, nicht mit Zwangskurs versehenes Papiergeld, sowie
durch Einrichtung des Systemes der Zettelbank. Die Banknoten kommen hier nach Ablauf der Darlehensfrist wieder an
die Bank zurück und dann aus der Bank weg in Barfonds,
oder statt ihrer empfängt die Bank einen gleichen Betrag
Münzen, wodurch ihr Fonds ohne ihr Zuthun sich von selbst
wieder füllt. Im Gegensatze dazu ist der Staat nicht im-

---

[1]) Roscher, System der Volkswirtschaft, Stuttgart 1892, Bd. III, § 54
mit Anm. 3.

[2]) Nebenius, Der öffentliche Krédit, 2. Aufl. 1829. Karlsruhe und Baden
S. 494.

[3]) Nebenius, l. c., S. 500 ff.

[4]) Nebenius, l. c., S. 504.

stande, die Einlösbarkeit seines Papieres sicher zu stellen
wenn sein Barbestand sich als zu klein erweisen sollte, weil er
über die den Barbestand übersteigende Summe Papiergeldes
keine Verfügung hat. Und zwar kann die Einziehung nach
dem Nennwerte oder nach dem Kurswerte erfolgen. Ob der
eine oder der andere Weg einzuschlagen ist, wird sich richten
müssen ganz nach der Dauer der Valutaentwertung. Bestand
dieselbe erst seit kurzer Zeit, so kann man das Papiergeld
auf seinen vollen Nennwert zurückführen und das Papiergeld
einziehen, ohne es wieder auszugeben. Dieses Verfahren
hat die Praxis beobachtet bei den sächsischen Kassen-
scheinen 1813, den dänischen Reichsbankzetteln von 1820—30
und den norwegischen Bankzetteln von 1820 – 41[1]). Ist dagegen die Valutaentwertung bereits von längerer Dauer, so
kann nur mehr noch durch gesetzliche Devaluierung geholfen
werden. Man setzt in einem solchen Falle den Nennwert
des Papiergeldes auf den im Augenblicke des Gesetzerlasses
wirklich bestehenden Kurswert herab und zieht dasselbe entweder gegen Bar oder gegen ein neues, in geringerer Menge
ausgegebenes Papiergeld ein. So berichtet Roscher, dass
schon Kublai-Chan sein 1260 ausgegebenes Papiergeld im
Jahre 1287 mit einem neuen vertauschte, wobei das alte nur
zu $1/_5$ des Nennwertes angenommen wurde. Aehnliches geschah 1811 und 1820 in Oesterreich (Herabsetzung auf $1/_5$ und
und $2/_5$ des Nennwertes), 1779 in Nordamerika, 1813 in Dänemark mit den Courantzetteln, 1816 in Norwegen mit den
Reichsbankthalerzetteln, 1834 in Schweden mit den Banko-
zetteln ($37 1/_2$ %), 1839 in Russland mit den Bankassigna-
tionen (Devaluierung auf $2/_7$ des Nennwertes)[2]). Je bedeutender natürlich die Depreciation der gesetzlichen Zahlungsmittel und je länger ihre Dauer, desto weniger erfüllt die
Rückkehr zum gesetzlichen Zahlungsmittel ihren Zweck, der
allein darin bestehen kann, den gleichen Wert dem Darleiher
zu ersetzen, den er dargeliehen. Dieser Zweck wird freilich
dann immer verfehlt sein, wenn der ursprüngliche Besitzer

[1]) Roscher, l. c., mit Anm. 1.
[2]) Roscher, l. c., mit Anm. 4.

einer Schuldverschreibung des Staates in kritischen Zeiten ohne Hoffnung auf einen Ersatz in der Zukunft seines Papieres sich entledigt. Eine Rückkehr zum gesetzlichen Zahlungsmittel nützt also in diesem Falle dem Käufer, der, um Nebenius' Worte zu gebrauchen, einen Mehrwert erhält, für welchen er gar nichts geleistet hat. Ebenso kann ein Gläubiger, der in einer Periode der ausschliesslichsten Papierkreation vom Staate Schuldverschreibungen bekommen hat, bei einer Rückkehr zum Gebrauche der Edelmetalle einen bedeutenden Vorteil erzielen. So kam es auch in England vor, dass viele Anlehen zu einer Zeit erhoben wurden, in welcher die Noten der englischen Bank um 20% und mehr unter dem Nennwerte der Edelmetalle standen. Allein diese Thatsachen gehören in den Bereich der Privatspekulationen, ihre Erwähnung ist daher wohl an dieser Stelle zweckmässig der Vollständigkeit halber, eine weitere Ausführung dagegen dem Zwecke dieser Arbeit widersprechend. Und es ist uns deshalb nur noch vorbehalten, das letzte Remedium gegen die Papierkrankheit zu besprechen, die Umwandlung in eine fundierte Schuld. Dieses Mittel dürfte jedoch nur mit Erfolg angewendet werden können bei noch nicht weit vorgeschrittener Valutaentwertung und bei nicht zu grossen Beträgen. Vielleicht dürfte sich ein aus beiden Tilgungsarten zusammengesetztes Verfahren am besten empfehlen. So hatte z. B. Italien 1866 den Noten der italienischen Nationalbank Zwangskurs gegeben und bis 1881 940 Millionen Lire in solchen Noten im Umlauf, durch ein Gesetz vom 7. April 1881 den Zwangskurs beseitigt und einen Teil der Noten (644 Millionen Mark) durch eine fundierte Anleihe, den Rest durch einlösliche Staatsnoten ersetzt [1]).

§ 11.
Rolle des Papiergeldes in den verschiedenen Staaten.

Man hat schon öfters die Frage aufgeworfen, welche Staatsformen von der Papierkrankheit am meisten heimgesucht

---

[1]) Eheberg, Lehrbuch der Finanzwissenschaft. Leipzig 1895. S. 343.

würden, und darauf die Antwort gegeben: die extremen Staatsformen, die unbeschränkte Monarchie und Demokratie. Man
wies zum Belege dieser Behauptung hin auf den Law'schen
Schwindel unter dem Regenten von Orleans und die Assignatenwirtschaft der ersten Republik, auf Oesterreich, Russland,
Nordamerika, das absolut-monarchische Dänemark und Schweden
sowohl unter Karl XII. wie in seiner oligargischen Zeit[1]).
Und spähen wir nun nach der Ursache dieser Erscheinung,
so finden wir dieselbe am treffendsten ausgesprochen in dem
Satze Sonnenfels': „Je unbeschränkter eine Monarchie, desto
begrenzter ist ihr Kredit, der Despotismus hat gar keinen.
Je unsicherere Garantien ein Staat vermöge seiner Verfassung
zu bieten im Stande ist, desto weniger Kredit wird er
bekommen, und immer mehr auf sich selbst angewiesen, wird
er sich gezwungen sehen, sich im Innern zu verschaffen, was
ihm von aussen versagt wird. Sollte dieser Versuch auf
dem einfacheren Wege der Steuereintreibung u. s. w. nicht
gelingen, so greift man zu so gefährlichen Mitteln wie der
Ausgabe von Papiergeld, deren Wirkungen wir ja bereits
kennen gelernt und besprochen haben. Der gegenwärtige
Stand des Papiergeldwesens in den verschiedenen Staaten ist
sehr mannigfach.

Papiergeld im engeren Sinne haben unter den europäischen
Staaten nur Oesterreich und Russland. Oesterreich, das
aber 400 Millionen Gulden im Umlauf hatte an Papiergeld,
hat 1892 die Wiederherstellung des Metallumlaufes im Zu-
sammenhange mit der neuen Ordnung seines Währungs- und
Münzsystems in Angriff genommen.

Russland hat für 1046 Millionen Rubel einlösliche, mit
Zwangskurs versehene Kreditbillets[2]).

In Deutschland haben wir die deutschen Reichskassen-
schein nach dem Gesetze vom 30. April 1874 als ein einlösliches Papiergeld ohne Zwangskurs und ohne Deckung.
Dagegen einlösliches, vollgedecktes, mit Zwangskurs versehenes Papiergeld sind z. B. die nordamerikanischen Schatz-

---

[1]) Roscher, System der Volkswirtschaft, 1892, Bd. III, § 55 mit Anm. 5.
[2]) Eheberg, l. c., S. 343.

noten vom 14. Juli 1890, unvollständig gedeckt sind die italienischen Staatsnoten von 1881 und die amerikanischen Greenbacks im Betrage von fast 347 Millionen Dollars[1]).

Und wenn wir nun, am Schlusse unserer Untersuchung und Betrachtungen angelangt, einen Weg an den tiefsten Abgründen der Politik vorbei zurückgelegt haben, so können wir es uns doch nicht versagen, auch auf die Ungefährlichkeit dieses so zweischneidigen Schwertes hinzuweisen, wenn es von kundiger Hand geführt wird. Unbedenklich ist jede Ausgabe von Kreditpapiergeld, wenn es sich auf seinem Nennwerte behaupten kann. Ist dies nicht der Fall, so wird das Papiergeld, wie Napoleon im Jahre 1810 an den Minister des Innern schrieb, zum le plus grand fléau des nations[2]).

Dass es auch glänzende Beispiele der Ausgabe von Papiergeld gibt, zeigt die Geschichte der Vereinigten Staaten von Nordamerika, welche das im nordamerikanischen Unabhängigkeitskriege ausgegebene Papiergeld, das 1780 auf 20 % gesunken war, nach dem Friedensschlusse zum Emissionskurse einlösten. Man muss eben immer bedenken, dass der Wert des Versprechens, welches der Emittent bei der Ausgabe des Papiergeldes gibt — nämlich das wertlose Papier durch wirkliche Güter einzulösen — immer abhängt von seinem Willen und der durch die äusseren Verhältnisse bedingten Wahrscheinlichkeit seiner Erfüllung.

3. Kapitel.
Die fundierten Schulden.
§ 12.
Im Allgemeinen.

Die Besprechung des Staatspapiergeldwesens hat uns nunmehr hinübergeführt zu den fundierten Schulden. Wir haben den wesentlichen Unterschied derselben von den schwebenden Schulden bereits im § 2 eingehend erörtert, nur ein

---

[1]) Eheberg, l. c., S. 340.
[2]) Roscher, l. c., Bd. III, § 55, Anm. 2.

Unterscheidungsmerkmal sei noch hervorgehoben, welches in der Person des Kontrahenten liegt: für die schwebenden Schulden kontrahiert nämlich die Verwaltung, und zwar kraft ihrer allgemeinen Verwaltungsbefugnis, die fundierten Schulden dagegen werden kraft eines Spezialgesetzes kontrahiert.

Es sind ·verschiedene Arten von Schulden, und zwar unterscheiden wir sie in dieser Abhandlung je nach der Kündbarkeit in aufkündbare und unaufkündbare.

I. Arten der fundierten Schulden.

A. Von beiden Seiten aufkündbare Schulden.

§ 13.

Diese Art ist die älteste Form der öffentlichen Schulden. Sie hat sich für den Staat stets als höchst nachteilig erwiesen, sobald bei steigendem Zinsfuße dem Staate gekündigt wurde. Er musste dann stets eine Anleihe zu bedeutend härteren Bedingungen aufnehmen. Dies war um so unangenehmer, in je schlimmeren Zeiten jedesmal gekündigt wurde. Darum ist in unserer Zeit diese Form der Staatsschulden vollkommen verschwunden.

B. Von beiden Seiten unaufkündbare Schulden.

§ 14.

Zeit- und Leibrenten, Tontinen.

Eine bedeutend wichtigere Rolle spielen dagegen die von beiden Seiten unaufkündbaren Schulden. Zu denselben gehören in erster Linie die Zeit- und Leibrenten. Hier wird dem Gläubiger gegen Darleihung eines bestimmten Kapitals eine bestimmte Rente jährlich gewährt, welche neben dem Zins auch eine Amortisationsquote des geliehenen Kapitales enthält. Neuerdings empfiehlt Leroy-Beaulieu diese Art von Darlehen: er sagt, es sei im Sinne der Staaten, wenn diese Anleihen Platz greifen. Denn wenn jemand 99 Jahre ein Grundstück pachtet, so zahlt er dafür einen Kaufpreis, der nahezu ebenso gross ist, wie wenn er das Grundstück dauernd kauft. Denn man würde für eine hinreichende Anzahl von Jahren sein Geld ebenso gern zur Verzinsung hingeben wie für einige Rente. Allein gegen diese Art von Anlehen sprechen die grössten Bedenken. Denn abgesehen davon, dass ihnen die Mängel aller in bestimmter Zeit zurückzuzahlenden Schulden anhaften, nötigen sie den Staat zu einem verwickelten Verwaltungsapparat, der ihm grosse Ausgaben und Arbeiten verursacht, schaffen die Unmöglichkeit einer Zinsreduktion und veranlassen durch die ganze Art ihrer Anlage zahlreiche Personen zur Kapitalverzehrung. Stein in seiner Finanzwissenschaft rät den Staaten, Anleihen dieser Art stets nur gegen Annuitäten von höchstens 90 Jahren aufzunehmen[1]), und er berührt damit den Hauptnachteil dieser Anlehensmethode, dass nämlich, wie Roscher sich ausdrückt, die Hauptgrundlage des Staates hiebei in selbstsüchtige Interessen des Individuums und des Augenblickes aufgelöst wird. So liessen Genfer Kapitalisten grosse Renten auf den Namen von Hirtenknaben des Berner Oberlandes eintragen, die mit der äussersten Sorgfalt aus langlebigen Familien gewählt wurden[2]). Wenn Sismonde di Sismondi[3]) Annuitäten und Leibrenten deshalb empfiehlt, weil sie den Staat mit dem Ableben des Gläubigers von der Schuld befreien, so spricht dagegen der bereits angeführte Grund, dass eben die Regierung in diesem Falle die Leute anreizt, um desto leichter von ihren Zinsen leben zu können, ihr Vermögen den Erben und überhaupt einer wahrhaft nützlichen Betriebsamkeit zu entziehen. Solche Anlehen sind eigentlich weiter nichts als „auf verschleierte Weise dem Staate abgelockte Steuern". Ueberhaupt sind die Interessen des Volkes eher zu berücksichtigen als etwaige daneben noch in Betracht kommende Regierungsinteressen. Im 18. Jahrhundert kam diese Anlehensmethode häufig vor im französischen und im englischen Staate, gegenwärtig nurmehr noch in letzterem. Bis 1808 war die Verwaltung und Investition des fundierten Kapitals in England dem Schatzkanzler überlassen[4]). Das englische Leib-

---

[1]) Roscher, l. c., S. 637, Anm. 3.
[2]) Roscher, eodem, Anm. 5.
[3]) Sismondi, Principes d'écon. polit. II, S. 237.
[4]) Körner, Konversion öffentl. Schulden. Wien und Leipzig 1893, S. 9.

renten-Gesetz von 1808 übertrug die Verwaltung der „Life Annuities" der Kommission für Reduzierung der Nationalschuld. Nach demselben soll es jedem Eigentümer von konsolidierten und reduzierten 3 prozentigen Renten freistehen dieselben bei der oben genannten Kommission zu überreichen behufs Umtausch gegen eine begrenzte Annuität abhängig von der Lebensdauer entweder einer einzelnen Person oder zwei Personen oder des Ueberlebenden von ihnen. Als Maßstab der Berechnung der Lebensdauer der Leibrenteninhaber beider Geschlechter dient die Northamptonsche Mortalitätstabelle von Price. Allein dies sind doch nur Wahrscheinlichkeits-Berechnungen erster Güte, und an der Unkenntnis dieses uns von der Vorsehung weislich verborgen gehaltenen Moments des Todes scheitert der ganze theoretisch recht schön ausgedachte, aber praktisch undurchführbare Versuch. Ein Beispiel [1]) eines Annuitätenanlehens vor 1808 bietet in England das vom 1. Februar 1790 zu 187 000 £ [1]), bei welchem jedem Contribuenten von 100 £ eine Annuität von 7 £ 9 s 9 d für 18³/₄ vom 5. April 1789 angefangen verbrieft wurde. Der ganze Annuitätenbetrag, zahlbar halbjährig am 5. April und 10. Oktober jeden Jahres, belief sich auf 14 000 £ 12 s 6 d.

Obgleich die letzte französische Leibrentenanleihe im Jahre 1786 gemacht wurde, existierten noch am 1. Januar 1885 solche Gläubiger mit zusammen 2745 Frs. Rente. Stourm berechnet, dass die Leibrenten durchschnittlich 40–45 Jahre dauern, während eine Tilgung mit 1 % jährlich das Kapital in 37 Jahren löschen würde. Da nun die Leibrenten meist zu 10% aufgenommen wurden und der landesübliche Zinsfuss 6 % betrug, so verlor der Staat 4 % während eines Zeitraumes von 40—45 Jahren, da er doch mit 1 % hätte auskommen können [2]). Nach diesen Darlegungen dürfte wohl über die Empfehlungen Leroy-Beaulieus bezüglich der Zeit- und Leibrenten kein Wort mehr zu verlieren sein.

Noch schlimmer sind aber die Tontinen. Ihr Geburtsland ist Frankreich, und ihr Name stammt von ihrem Ausgeber,

---

[1]) Körner. l. c., S. 7.
[2]) Roscher, l. c., S. 637, Anm. 8.

einem gewissen Tontin. Sie bestehen für grosse, aus Altersgenossen gebildete Gesellschaften. Hier wird den sämtlichen Gesellschaftern die von Anfang an bezahlte Rente fortbezahlt, solange noch ein einziger Gesellschafter am Leben ist, so dass den Ueberlebenden die durch den Tod einzelner Mitglieder erledigten Leibrenten zuwachsen. Erst mit dem Tode des letzten Mitgliedes erlischt die Schuldverbindlichkeit des Staates. Sie haben eine enorme finanzielle Bedeutung, besonders wenn es gilt, bedeutende Schulden zu tilgen. So kamen sie zum Beispiel dem englischen Staate in den sechziger Jahren sehr zu statten. Von 1860—69 hat der englische Staat auf diese Weise nicht weniger als 64 Millionen £ Schulden aus der Welt geschafft [1]. Allein alle Gründe, welche schon gegen die Zeit- und Leibrenten sprechen, sind auch bei den Tontinen gegeben, die ethischen Bedenken in noch viel grösserem Maße; und statt aller theoretischen Erörterungen lassen wir die Thatsachen sprechen. Das englische Tontinenanlehen von 1789 im Betrage von 1,002,500 £, dessen letzter Ueberlebender am 31. Oktober 1887 gestorben ist, spricht ebenso gegen die Tontinen wie der Bericht von Justis, dass im Jahre 1758 eine Privatperson in Frankreich 300,000 £ Interessen verschiedener Jahre von einer Tontine bezog, welche zu Anfang der Regierung Ludwigs XIV. errichtet wurde. Mit diesen Thatsachen dürfte die Unzweckmäßigkeit dieser Anlehensmethode zur Genüge bewiesen sein.

§ 15.
Lotterieanlehen.

Eine dritte Art von Anlehen, welche zu den fundierten Schulden gerechnet werden, sind die Lotterieanlehen. Der Staat pflegt hier das Kapital al pari zurückzuzahlen, aber die Zinsen zu verteilen, ganz oder teilweise in der Form von Gewinnsten unter die Obligationen nach dem Lose. Die ältere Form sind die formell unverzinslichen Anlehen, d. h. diejenigen, bei welchen der ganze Zinsbetrag als Prämie

---

[1] Brentano, Vorlesungen über Finanzwissenschaft.

verteilt wird. Im Gegensatze dazu stehen die verzinslichen, welche neben den Prämien einen gewöhnlichen laufenden Zins tragen: dieselben sind in Oesterreich üblich geworden. um grosse Summen aufzubringen[1]). Es hat sich ein grosser Sturm der Entrüstung gegen diese Anlehen erhoben, und zwar mit vollem Rechte.

Das Lotterieanlehen hat seine Grundbedingungen in der Arbeitsunlust, dem Leichtsinn und der Arbeitsscheue der Bevölkerung. Man schafft daher auch möglichst viele kleine Lose, um die Spielsucht zu verstärken, ein Verfahren, zu dem auch Stein in seiner Finanzwissenschaft[2]) rät (so gibt es Lose zu 4 Thalern, 2 Louisd'ors), und der Arbeiter vertraut dem Glücke an, was er durch seiner Hände Arbeit nicht erringen will. Allein Lotterieanleihen können durch ihre so trügerische Aussicht auf Gewinn nie ersetzen, was man durch den fortwährenden Verlust seiner Zinsen entbehrt, und der Nachteil, den der Zinsenverlust den vom Glücke nicht Begünstigten bringt, gereicht auch in der Regel der ganzen Volkswirtschaft zum Schaden. Ferner müssen dem durch das Spiel verwöhnten Volke immer neue Reizmittel dargeboten werden, und während man so dem Volke auf der einen Seite goldene Berge vorspiegelt, verkauft man auf der anderen die Billigkeit der Lotterieanleihen gegen hohe, das Volk drückende Steuern.

Ausser der Unmöglichkeit einer Zinsreduction in günstigen Zeiten, in welchen man die in grosser Finanznot zu einem hohen Zinsfuss aufgenommenen Anlehen dann auf einen niedrigeren Zinsfuss herabdrücken könnte, stört die Tilgung und Prämienzahlung in ungünstigen Zeiten, die ungleiche Verteilung der Prämien auf einzelne Finanzjahre, die häufige Zahlung in einzelnen kurzen Perioden[3]). Die Ordnung des ganzen Finanzwesens erfordert wiederum einen ausgedehnten Verwaltungsapparat. Unter diesen Umständen

---

[1]) Deutsches Staatswörterbuch von Bluntschli und Brater, Stuttgart, Bd. X. 1867. S. 30.

[2]) Roscher. l. c., S. 638.

[3]) Deutsches Staatswörterbuch, l. c., S. 31.

dürfte die Beliebtheit, welche Roscher den Lotterieanleihen zuschreibt, sich keiner allzu grossen Berechtigung erfreuen können.

II. Tilgung der fundierten Schulden.

§ 16.

Gedanke eines selbstständigen Tilgungsfonds.

Haben wir nunmehr die verschiedenen Arten der Anlehensmethoden einer kritischen Untersuchung unterzogen, so ergibt sich eigentlich von selbst, dass wir auch der Tilgung einige Worte widmen müssen. Wenn auch der Finanzverwaltung die Erfüllung ihrer Verbindlichkeiten ohne besondere für diese Zwecke gegründete Anstalten möglich ist, so lehrt doch die Erfahrung, dass durch solche Anstalten ein planmässiges Verfahren erleichtert und für die Erreichung jener Zwecke eine grosse Sicherheit erzielt wird. Ihr Wesen besteht darin, dass ein den Bedürfnissen der Verzinsung der öffentlichen Schuld entsprechender Tilgungsfond ausgemittelt wird, zu dessen Verwaltung man dann eine eigene Behörde ins Leben ruft. Es ist klar, dass die Mittel, welche ein Ueberschuss des Einkommens über den jährlichen Staatsbedarf in einem gegebenen Zeitpunkte zur Schuldenminderung bietet, ungemein dazu anlocken, aus ihnen einen besonderen Tilgungsfond zu bilden, und dieses nun so festgelegte Kapital mit Zinsen und Zinseszinsen diesem Zwecke zu widmen. Diese Tilgung erfolgt um so rascher, je höher der Zinsfuss, zu welchem die Ablösung stattfindet, und je stärker der Amortisationsfonds ist im Verhältniss zu dem zu tilgenden Kapital [1]). In dem letzten Jahre erreicht der jährliche Zuwachs den ganzen Betrag der Zinsen der Staatsschuld [2]). Die Summe, welche zuletzt in einer Jahresperiode der Schuldentilgung gewidmet wird, wird in Vergleichung mit dem ursprünglichen Fonds verhältnismäßig um so bedeutender, je geringer dieser ursprüngliche Fonds im Verhältnis zur Schuldenmasse, je länger die Tilgungsperiode ist.

---

[1]) Nebenius, l. c., S. 425.
[2]) Eodem.

Dies ist im wesentlichen der Grundgedanke, der einem
selbstständigen Tilgungsfonds zu Grunde liegt. Der Vater
dieses Gedankens ist Price, und Pitt nahm ihn mit der ganzen
Energie seines grossen Geistes auf. Es ist ja die bekannte
Berechnung von dem Penny, der zur Zeit Christi zu 5 % aus-
geliehen, auf Zinseszinsen eine Unzahl von goldenen Erdkugeln
ergeben würde, ein Resultat Price'scher Arithmetik[1]). In
diesem Sinne könnte man ja sagen, dass der geringste Tropfen
Amortisation den ungeheuren Felsen der Staatsschuld aus-
höhlen müsse[2]). Aber es ist nur recht schade, dass die
Theorie desto schönere Früchte verspricht, einen je längeren
Zeitraum wir zu ihrer Realisierung offen lassen.

Die Durchführung eines solchen Planes während langer
Zeit ist im höchsten Grade unwahrscheinlich. Wo kann man
in den Annalen der Geschichte nur z. B. 60 Jahre eines un-
unterbrochenen Friedens und der Ruhe suchen, 60 Jahre
unwandelbarer Weisheit und Sparsamkeit bei den Regierungen,
60 Jahre der Mäßigung und besonderer glücklicher Umstände[3]).
Wenn in den Abschnitten einer Tilgungsperiode, sagt Nebenius,
die Kraft des Tilgungsfonds in der Progression wächst von
2 : 4 : 8 : 16, aber die Wahrscheinlichkeit der Fortdauer jener
Umstände, welche den Vollzug des Planes bedingen, an dem
Verhältnisse von z. B. 3 : 9 : 27 : 81 abnimmt, so ist leicht
einzusehen, was es mit einem Plane ist, der die Tilgung auf
30 bis 40 Jahre berechnet, in der nächsten Zukunft wenig
leistet und die Wunder seiner Kraft in der fernen Zukunft
wirken zu lassen verspricht[4]).

Ferner macht eine neue Anleihe die alte Schuldentilgung
wieder vollkommen illusorisch. Man wollte in einem solchen
Falle dadurch helfen, dass man dem Zuwachse der Schuld
den gleichen Fonds gibt, den die frühere bereits hatte. Allein
es wird sodann immer schwieriger, durch neue Steuern für

---

[1]) Roscher, l. c., S. 649.
[2]) Ueber den Staatskredit. Von einem russischen Staatsmanne. Leipzig
1840. S. 25.
[3]) Ueber den Staatskredit, l. c., S. 39.
[4]) Roscher, l. c., S. 650.

einen Tilgungsfonds zu sorgen. Ebenso steht es, wenn man
bei einer Vermehrung durch neue Anleihen selbst eine starke
Rate des Kapitals dem Tilgungsfonds zuweisen will, und zuletzt stellt sich die Unmöglichkeit heraus, durch Steuern und
die gewöhnlichen Einnahmen die Zinsen für den Fonds neben
den laufenden Ausgaben aufzubringen. Auf die Zunahme der
Volkszahl und das Wachsen des Nationalreichtums kann
man sich dabei nicht verlassen, da kein irdisches Wachstum ein
unendliches ist. Diesen Gedanken spricht schon ein gegen
Pitt 1772 veröffentlichtes Pamphlet aus, wenn es sagt : „Ein
Fonds von 200000 ₤ jährlich oder von einer Million jährlich
500 Jahre hintereinander würde nichts helfen, wenn das Volk
nicht ausser dieser Summe die Zinsen der gegenwärtigen Schuld
und seine laufenden Ausgaben bestreiten könnte. Ohne eine
solche Fähigkeit ist ein Sinking Fund eine bloße Chimäre,
und eine neue Schuld müsste mit doppelt so grosser Schnelligkeit anwachsen, als die alte getilgt werden könnte. Es ist
ebenso, als wenn man eine doppelte Kreide in der einen
Hand und einen Schwamm in der anderen hielte und mit der
rechten Hand zwei Striche machte, während man mit der
linken einen˙ wegwischte, und je länger Ihr anschreibt und
wegwischt, desto grösser und länger wird die Rechnung
werden. Dass Geld zu Zinseszinsen in der überraschenden
Weise, die Ihr sagt, anwachsen würde, ist erweislich sicher,
und es ist gerade ebenso sicher, dass Zinsen von geborgtem
Gelde, wenn sie nicht plötzlich bezahlt werden, in derselben
Weise und mit derselben Schnelligkeit anwachsen würden.“
Ganz korrekt weist Hamilton darauf hin, dass die Veränderung
der Finanzlage in der Differenz der alten und neuen Schuld
bestehe, und dass diese Differenz bei dem Verfahren von
Price immer grösser wird, haben wir eben dargethan.

Weiterhin weist auch Roscher [1]) auf den grossen Unterschied zwischen der Kapitalbildung auf dem Papiere und in
der Wirklichkeit hin, dass nämlich ein Ueberschuss der
nationalen Güterproduction über die nationale Güterverzehrung

---

1) Roscher Bd. IV, § 141.

die bloße Vergrösserung des Tilgungsfonds mittelbar höchstens insofern bewirken könne, dass die heimgezahlten Gläubiger die betreffende Summe produktiver anwenden, als es die Steuerzahler gethan hätten. Aus allen diesen Gründen hat die Doktrin diese Art eines Tilgungsfonds mit vollkommenem Rechte als völlig unzweckmäßig anerkannt. Dass gleichwohl ein Tilgungsfonds in anderer Form sehr segensreiche Wirkungen ausüben kann. werden wir später zu erörtern noch Gelegenheit haben.

§ 17.
Tilgung durch den Verkauf landwirtschaftlicher Oekonomiegüter[1]).

Seit Beginn dieses Jahrhunderts hat man die Staatsschuldentilgung durch Verkauf von Domänengütern des Staates empfohlen. Die staatlichen Domänen waren ja früher die hauptsächlichste Quelle der Staatseinnahmen, als das Land noch Fürstenland war; aus ihnen erwuchs der Lehensbesitz, und erst mit dem Rückgange des Domänenbesitzes entstand die Macht des aufstrebenden Königtums. Diese Bedeutung der Domänen klingt noch in den Worten des Freiherrn von Stein nach, wenn er darauf hinweist, dass man Domänen nie veräussern dürfe, da sie die Stütze der Monarchie bildeten. Allein mit Recht hat man den Verkauf der Domänen aus wirtschaftlichen Gründen bis in die siebziger Jahre empfohlen. Es ist wohl unbestritten, dass der Ertrag der Domänen ein relativ geringer geworden ist, und dass ihre Verwaltung von Privaten viel besser gehandhabt wird als von Staatsdienern, denen das persönliche Interesse an dem Gelingen und Geraten der einzelnen Wirtschaften vollkommen abgeht. Ferner verzinst sich das Kapital, welches in den Domänen steckt, weit schlechter, als das Kapital sich verzinsen würde, welches man aus einem Verkaufe der Domänen ziehen würde. So wurden in Oesterreich Domänen, deren Wert man vor dem Verkaufe auf nur 28 Millionen veranschlagte, im Jahre 1818 bis 1851 um 36 Millionen losgeschlagen. In Dänemark ver-

---

[1]) cf. dazu Nebenius, l. c., S. 419 424.

kaufte man die Domänen so gut, dass der vorherige Ertrag nur $\frac{1}{2}$—1 % der erlösten Summe darstellte. In Spanien verkaufte man die Domänen für 926 Millionen, nachdem man sie nur auf 133 Millionen geschätzt hatte. In Bayern stellte sich der bisherige Ertrag von Domänen nur als 2 % des Preises dar, den man für die 1826—1828 verkauften Domänen erzielte [1]). Freilich trat diesen Ansichten die reaktionäre Partei gegenüber aus politischen Gründen, so in Preussen von Bülow, indem die Beibehaltung der Domänen im Besitze des Staates empfohlen wurde, da man denselben dadurch zum Mitbesitzer, zum Mitinteressenten machen würde. Allein, soll der Staat seine Domänen beibehalten, damit die Agrarier daraus für ihre Privatinteressen Nutzen ziehen können, während er selbst in seiner Finanzwirtschaft einen bedeutenden Nachteil erleidet?

Man hat verschiedene Auswege versucht im Laufe der Geschichte. Man setzte, um die Privatinteressen zu wahren und rege werden zu lassen, Verwalter ein, denen die Ueber-schüsse aus der Produktion verbleiben, oder welche dieselben mit dem Staate teilen sollten. Aber es erklärten nun die Verwalter, sie brauchten immer mehr Kapital, das sie hereinstecken müssten, um grosse Erträgnisse erzielen zu können. Dass sich hier jeder überhaupt möglichst bestrebte, den Staat nach Kräften zu betrügen, liegt auf der Hand. Dann versuchte man es mit der Vererbpachtung. Allein bei den damaligen steigenden Preisen hatte der Staat von der steigenden Kon-junktur keinen Vorteil. Wozu überhaupt eine Verpachtung? Da die Erträgnisse von Domänen keine grossen sind, so wird auch der Pachtschilling kein bedeutender sein können, zudem wird der Pächter in dem vollständig unabhängigen Gebrauche des Pachtobjektes immer behindert sein, der Staat wird ihm nicht so ohne weiteres jede Umwandlung (z. B.: die eines Waldes in ein Feld oder umgekehrt) erlauben. Ganz anders liegt dagegen die Sache bei einem Verkaufe. Hier wird dem Eigentümer die vollkommen freie Bewirtschaftung seines Dominiums zustehen und mithin auch dessen Blühen und Ge-deihen wesentlich gefördert werden, und die Verpachtungen

---

[1]) Brentano, Vorlesungen über Finanzwissenschaft.

haben in der Geschichte nie dieses glänzende Resultat ergeben, das wir oben beim Verkaufe bewundert haben. Es dürfte daher der Erlös von in günstigen Zeiten verkauften Domänen ein vollkommen geeignetes Mittel zur Tilgung von Staatsschulden sein, zum mindesten aber sollten die Einnahmen aus Domänengütern, soweit sie noch nicht verkauft sind, zur Schuldentilgung verwendet werden, bis eine solche aus dem Kaufpreis möglich geworden ist.

So berichtet Bergius in seiner Finanzwissenschaft, dass Friedrich Wilhelm III. auf Betreiben Steins das Edikt Friedrich Wilhelms I. vom 13. August 1713, welches die Unveräusserlichkeit der Domänen für immerwährende Zeiten festsetzte, durch das Edikt und Hausgesetz vom 17. Dezember 1808 aufgehoben, indem er verordnete, dass dem jedesmaligen Souverän die Veräusserung gegen Entgelt in dem Falle gestattet sein solle, wenn mit dem Kaufgeld Schulden des Staates bezahlt werden müssten, die in der Erhaltung desselben entstanden seien.

Wenn Schmalz [1]) die Meinung aufstellt, dass der persönliche Unterhalt des Regenten, der apanagierten Prinzen und Prinzessinnen des Hauses besser aus den Erträgnissen der Domänen als aus der eigens hiezu bestimmten Zivilliste zu bestreiten sei, so ist dies eine das Wesen der Souveränität vollständig verkennende und irrige Ansicht. Denn von der Unzulänglichkeit der Domänenerträgnisse ganz abgesehen, ist für die Unabhängigkeit des Regenten und seines Hauses, sowie für sein Ansehen viel besser gesorgt, wenn er vom Volke seinen Unterhalt bezieht, als wenn er wie ein Privatmann lebend bei der Verwaltung seiner Güter mit der Privatbetriebsamkeit der Andern in Konflikt gerät.

Leroy-Beaulieu [2]) will den Verkauf von Domänengütern abhängig machen von der Dichtigkeit der Bevölkerung, — denn die Zerstückelung und die kleine Landwirtschaft wirkten sehr

---

[1]) Schmalz, Staatswirtschaftslehre in Briefen an einen deutschen Erbprinzen, Bd. II.

[2]) Leroy-Beaulieu, Traité de la science des finances, deuxième édition. Paris 1879, I., S. 63.

vorteilhaft für die Verbesserung und somit den Wert des Landes —, von der Art der Kultur und der Intensität der Landwirtschaft —; so seien z. B. Forsten wegen ihres Vorteiles für das Klima nicht zu verkaufen. So richtig und bemerkenswert auch diese Gesichtspunkte sind, so greift Leroy-Beaulieu doch daneben, wenn er dann vorschlägt, die Wälder in der Ebene zu verkaufen und in den gebirgigeren Teilen Wälder von viel grösserer Ausdehnung und gleichem Werte anzulegen. Es dürfte vielleicht das gerade Gegenteil zu empfehlen sein. Denn die Naturwissenschaft hat festgestellt, dass der Nutzen grosser Wälder sich am meisten in den Ebenen und in der Nähe grosser Städte fühlbar macht. Sie dienen zur Abhaltung widriger Windströmungen und bewirken eine regelmässige Verteilung der Feuchtigkeit, besonders des Regens, so dass ein Land ohne Wälder bald sich allmählig in eine Wüste verwandeln wird, wofür Mesopotamien ein schlagendes Beispiel ist, ferner nehmen sie alle schlechten Dünste der Städte in sich auf. Der Wald muss also von dem Verkaufe unbedingt ausgeschlossen werden.

Jedoch steht es mit dem Domänenverkauf, wie Roscher sagt, wie mit der Ausgabe eines Staatspapiergeldes. Beide sind am besten, wenn man sie am meisten entbehren kann. Die Geschichte zeigt dies nur zu deutlich. Alle französischen Domänenveräusserungsgesetze seit 1814, auch das von 1830 ff., wonach für 200 Millionen Frs. Staatswaldungen verkauft werden sollten, wurden nur unvollständig ausgeführt, denn infolge der kritischen Zeiten erfolgte der Verkauf sehr langsam und zu sehr niedrigen Preisen. So trugen auch die Güterverkäufe nach den Proskriptionen der römischen Triumvirn sehr wenig ein, weil alles so unsicher war, dass schon das Zeichen bedeutenden Reichtums Gefahr brachte [1]). So sehen wir, dass die Frage der Tilgung durch Domänenverkauf mit der Frage nach der Zweckmässigkeit des letzteren auf das innigste zusammenhängt, und wir hätten die erste Frage nicht beantworten können ohne eine genaue Erörterung der zweiten.

---

[1]) Roscher, l. c., Bd. IV, § 122, Anm. 6.

Dass der Kredit eines Staates nicht von seinem Domänen-
besitz beeinflusst wird, zeigt der britische, der am meisten
Kredit besitzt, aber zugleich einer der domänenärmsten
Staaten ist[1]).

§ 18.
Tilgung durch Umlage auf das Privateigentum.

Eine dritte Art endlich, Schulden zu tilgen, ist die
Umlage auf das Privateigentum[2]). Allein schon Nebenius
legt den gewaltigen Umschwung dar, den ein solches System
nach der verderblichsten Seite hin in der ganzen Volkswirtschaft hervorrufen würde. Da eine solche Umlage auf
das Privateigentum ohne Zweifel in die Kategorie der Steuern
eingereiht werden muss, so steht von vornherein fest, dass
sie alle Nachteile derselben bezüglich der gerechten Verteilung
in gleichem Maße an sich trägt. Wenn man nun auch nicht
bestreiten kann, dass eine vollkommene, gleichmäßige Besteuerung in der Praxis nicht zu erzielen ist, so ist doch
andererseits wohl zu berücksichtigen, dass diese an sich
unerhebliche Ungleichheit mit dem Steigen der Beträge zuletzt
einen Grad erreicht, der für das Wohl der Volkswirtschaft
höchst gefährlich werden kann. Ebensowenig kann man die
Technik, nur das ohne Arbeit gewonnene Kapital zu belasten,
so ohne weiteres verfolgen. Denn da diese Klassen gewöhnlich
schon an und für sich stärker belastet sind, und da sie ein
wohlthuendes Gegengewicht gegen die revolutionären Be-
strebungen der anderen Klassen bilden, für den Staat also ein
wohl zu berücksichtigender Faktor sind, so findet ihre
Besteuerung an einem gewissen Punkte ihre wohlberechtigte
Grenze. Es handelt sich aber auch fernerhin um die gerechte
Bestimmung der Grösse der Belastung. Die von Seite der
Staatsgläubiger unaufkündbaren Kapitalien stehen zum Teile
auf einem Zinsfusse, der ihnen einen weit unter pari bleibenden
Wert beilegt.

---

[1]) Roscher, l. c., Bd. IV, S. 31.

[2]) Ricardo, Des principes de l'économie politique etc., franz. von Constario
t. 2, p. 12 etc. — Nebenius, l. c., S. 463—477. — Roschers System etc.
Bd. IV, 1894, S. 646 ff.

Zahlt man nun das Nominalkapital zurück, so macht man den Staatsgläubigern auf Unkosten der Eigentümer ein Geschenk, leistet man aber nur den Nennwert, den Mittelpreis der letzten Zeit, so verletzt man den Vertrag[1]).

Aber alle diese Nachteile sind gering gegenüber der Zersplitterung und Umwandlung in dem ganzen Wirtschaftsleben. Gerade bei denjenigen Klassen, welche in einem solchen Falle am meisten in Anspruch genommen werden, ist das Kapital so angelegt, dass eine momentane Liquidierung meistens unmöglich sein wird; wir brauchen ja nur auf alle die Geschäfte zu blicken, welche der Grosshandel, die Grossindustrie und der Grossgrundbesitz betreiben. Soll dann etwa der Grossgrundbesitzer, um den geforderten Betrag aufzubringen, sein Gut ganz oder teilweise verkaufen? Das hiesse für den Staat, seine Unterthanen ruinieren und sich die Hilfsquellen entziehen, womit er seine Ausgaben bestreitet. Man wird vielleicht entgegnen, das Gut gelange ja dann wieder in die Hände eines anderen Unterthanen, und es sei am Ende doch gleich, von wem der Staat seine Steuern bezieht. Allein es ist sehr fraglich, ob es in den Besitz eines Wirtschafters gelangt, der es auf der Höhe seiner bisherigen Leistungsfähigkeit zu erhalten imstande ist. Da sich nun in einem Grossstaate annehmen lässt, dass eine weit grössere Menge der Gläubiger der öffentlichen Fonds in der Stadt sich finden wird als auf dem Lande[2]), in der Provinz, so wird es eine unumgängliche Folge der Veranstaltung einer solchen Umlage sein, dass nunmehr sehr viele Kapitalisten sich gezwungen sehen werden, zur Verwaltung ihres Immobiliarvermögens ihren Wohnsitz in der Provinz aufzuschlagen. Und wollte man auch alle diese Nachteile durch irgendwelche Maßregeln beseitigen, wie z. B. durch Gründung von Leihbanken[3]), so kommt deswegen der Gläubiger in keine bessere Position. Denn anstatt den Staat hat er nunmehr eine Reihe von Privaten zu Schuldnern, die wohl

---

[1]) Nebenius, l. c., S. 471.
[2]) Eodem S. 473.
[3]) Eodem S. 473.

alle lieber in Renten als auf einmal sehr viel zahlen würden[1]) und wohl auch mit grösserer Sicherheit, das plötzliche Wertsteigen des Geldes und das gleichzeitige Fallen der Warenpreise lässt sich nicht beseitigen, und das Endresultat von dem Allen ist, dass das Kapital, um der Zersplitterung zu entgehen, Anlage in auswärtigen Fonds sucht, während der Staat sich in wirtschaftlicher Beziehung den Todesstoss versetzt hat.

---

[1]) Roscher, l. c., S. 646.

Zweiter Abschnitt.

Reformvorschläge.

1. Kapitel.
Die bisher gemachten Vorschläge.

§ 19.
Die Theorie von Stein.

Nachdem uns der erste Abschnitt in seinen einzelnen Paragraphen gezeigt, dass alle die dort erwähnten Anlehensmethoden, sowie sämtliche Tilgungsmethoden vom Standpunkt der Wissenschaft und der Praxis unhaltbar sind, so erwächst uns naturgemäß die Aufgabe, nach einer anderen Lösung des gegebenen Problems zu suchen; bevor wir jedoch in dieser Beziehung unsere Thesen aufstellen, müssen wir noch alle diejenigen Theorien widerlegen, welche auf diese Fragen eine befriedigende Antwort gefunden zu haben glauben.

Und hier tritt vor allem die Theorie Steins in den Vordergrund. Stein kommt auf die Idee des Heimfallsrechtes der Staatsschulden [1]). Von dem Grundsatz ausgehend, dass Schulden nie länger als höchstens 50 Jahre dauern dürfen, will er die Tilgung mit der Verzinsung verbinden; der Zinsfuss soll so hoch gestellt werden, dass er gegenüber dem reinen Kapitalzins die Amortisationsquote des Kapitals enthält, und dass somit die Schuld von selbst aufhöre, wenn sie vermöge dieser Amortisationsquote getilgt werden würden. Bestehende Schulden sollen in Heimfallsschulden umgewandelt werden mittelst Erhöhung des laufenden Zinsfusses um ein 1 % Tilgungsquote. Die Tilgungsquote soll durch eine Tilgungssteuer gedeckt, und eine eigene Staatskreditkommission eingesetzt werden,

---

[1]) Stein, l. c., II, S. 545 ff. sowie die Kritik A. Wagners in dem Artikel über Staatsschulden in Schönbergs Handbuch der polit. Oekonomie, die wir dem Folgenden zu Grunde legen.

welche die Erhebung und Verwendung für diesen Zweck garantieren soll. Zur Bekräftigung dieser seiner Theorie führt er noch die Eisenbahnrenten an, eine Begründung, die, wie wir noch sehen werden, jedes Gehaltes entbehrt.

Den ganzen Vorschlag führt er sehr weitschweifig aus, und nach seiner Darstellung gewinnt er im ersten Moment ein bestechendes Aussehen. Allein wir haben in unserem Falle nur einen neuen Namen, um mit Adolph Wagner zu reden, „Heimfallsrecht" für eine alte Sache „Zeitrenten". Ganz abgesehen von all den Nachteilen, die schon gegen die Zeitrenten an und für sich sprechen, wird sich der Staat für ein so umständliches Verfahren bedanken, wonach einem jeden einzelnen Gläubiger für jede einzelne Rentenverschreibung eine einzelne Tilgungsquote ausbezahlt werden soll. Je kleiner nun die Tilgungsquoten sind, desto mehr wird die Ausführung dieses Planes an Wahrscheinlichkeit verlieren, durchgeführt werden zu können. Und wenn man nun absolut eine Steuer mehr haben will, warum verwendet man sie nicht gleich direkt zur Schuldentilgung, anstatt zur Deckung einer Quote, die selbst erst wiederum der Tilgung dienen soll? Wenn endlich Stein sich auf das Heimfallsrecht der Eisenbahnrenten beruft, so scheint er völlig zu übersehen, dass hier die Anlageschulden und Aktienbeträge ganz einfach aus den jeweiligen Erträgnissen des Betriebes getilgt werden.

§ 20.
Die „Bons accumulatifs" Sir Barrons.

Weit grössere Beachtung verdienen die Gedanken des englischen Gesandten Sir Henry Barrons[1]).

Barron teilt die Käufer von Staatspapieren in drei Klassen ein: 1) in solche, welche eine andauernde, feste Rente für ihr Kapital suchen, 2) in solche, die zu spekulieren wünschen, und 3) in solche, die ihr Kapital durch jeweilige Anlegung der Zinsen wiederum wachsen lassen wollen.

---

[1]) Sir Henry Barron, Projet d'une nouvelle forme d'obligations appelées „Bons acculumatifs". Traduit du Journal of the Statistical Society. Bespr. von G. Schanz, Finanzarchiv, 5. Jahrg. 1888, S. 506, 507.

Und zu gunsten dieser letzten Klasse schreibt Barron, indem er ihnen sozusagen das Sparen erleichtern will. Der Staat soll diesen Gläubigern die Rückzahlung zum doppelten Werte versprechen. Wer also z. B. 100 Frs. zahlt, soll in einer bestimmten Zeit 200 Frs. erhalten, aber in der Zwischenzeit erhält er keinen Zins.

Ganz nahe verwandt ist mit diesem Vorschlag das in neuerer Zeit gewöhnliche System des fingierten Kapitalzuschlags und Zinsenabzugs [1]), wobei der Staat, wenn er z. B. 1000 haben und dafür jährlich 60 Zins zahlen will, eine 3 %ige Schuldverschreibung ausstellt, die auf 2000 lautet. Bei den englischen Anleihen betrug der Unterschied zwischen den nominal verschriebenen und real eingezahlten Kapitalien während des amerikanischen Krieges über dreimal so viel wie im siebenjährigen; in den sieben ersten Jahren des Revolutionskrieges über achtmal so viel, in den drei folgenden aber viermal [2]).

Diese beiden Systeme sind eigentlich der Tilgungsfonds von Price, nur in neuer Form. Und in dieser ihrer Aehnlichkeit ist der Grund für alle gegen sie sprechenden Fehler zu suchen. Die Verpflichtung des Staates ist hier, bei allem Vertrauen auf seine Rechtlichkeit und seinen guten Willen, eine Illusion infolge des politischen Wandels, dem ein Staat jederzeit unterworfen ist. Und wohl nicht mit Unrecht sagt deshalb Roscher von dem System des fingierten Kapitalzuschlages, dass dieses Verfahren nur da vorteilhaft sein kann, wo man bereits stillschweigend auf die Rückzahlung verzichtet habe. Ausserdem lehrt uns unser vorhin angeführtes Beispiel von den englischen Anleihen, dass dieses Mehrversprechen für den Staat einen erheblichen Verlust bedeuten kann, der um so grösser wird, je tiefer beim Abschluss der Anleihe der nominale Zinsfuss unter dem wirklichen gestanden hat [3]). Dieser Verlust ist um so wahrscheinlicher, je unruhiger und kritischer die Zeiten werden. Darum will Schäffle solche Systeme verfassungsrechtlich unter

---

[1]) Roscher, Bd. IV, § 138 c.
[2]) Roscher, l. c., Anm. 19.
[3]) Roscher, l. c., S. 636.

sagt wissen. und Canerin nennt in seinem Weltreichtum die
Verschreibung höherer Nominalkapitalien sogar jüdischen
Wucher[1]), denn unter einem leisesten Windstoss kann dieses
ganze Kartenhaus zum Schrecken der Gläubiger zusammen-
fallen. Endlich wird es nicht viele Gläubiger geben, die auf
ungewisse Versprechungen hin auf die Zinsen ihrer Kapitalien
verzichten können und wollen. Deshalb werden alle solchen
Pläne, so theoretisch schön man sie auch immer entwickeln
mag, stets an ihrer praktischen Undurchführbarkeit scheitern.

2. Kapitel.

Die Rentenschuld als einzig richtige Staatsschuldform.

§ 21.

Wesen der Rentenschuld[2]).

Indem wir in den vorhergehenden Paragraphen alle mög-
lichen Arten der Entstehung und Tilgung von Staatsschulden
an unserem Geiste haben vorüberziehen lassen und uns zu
keiner derselben bekennen konnten, lernten wir damit auch
zugleich alle jene Erfordernisse kennen, welche die rechte
Staatsschuldenform an sich tragen muss.

Die erste Bedingung einer guten Staatsschuldenform ist,
dass sie nicht durch die Wechselfälle der Politik erschüttert
werden kann, wie dies zum Beispiel in erster Linie bei einem
Tilgungsfonds der Fall ist. Der Staat, nicht vom Augenblicke
geboren, sondern ein Produkt der Jahrhunderte, ist auch nicht
ein leicht vergängliches Ding, sondern sein festgewurzelter
Stamm hat die Bestimmung, auch den Jahrhunderten der
Zukunft zu trotzen, und darum ist er auch imstande, seine
Schulden zu bezahlen, sei es. wann es will, nur darf man ihn

---

[1]) Roscher. l. c., Anm. 27.
[2]) Deutsches Staatswörterbuch von Bluntschli und Brater, Stuttgart und
Leipzig. 1867. Bd. X. Aufsatz v. Wagner über Staatsschulden, S. 31.
— Schönberg, Handbuch der politischen Oekonomie, Tübingen, 1882,
Bd. II. Aufsatz von A. Wagner über: Die Ordnung der Finanzwirtschaft
und der öffentliche Kredit, S. 445.

nicht an Termine binden. Es muss die Bestimmung dieser Zeit ganz in seinem freilich redlichen Willen liegen, und man kann unter solchen Umständen nur von ihm verlangen, dass er die Früchte des ihm geliehenen Kapitals, die Zinsen, in derselben Weise seinen Gläubigern abliefert, wie etwa jemand, der eine Hypothek auf sein Haus aufgenommen und nun die Zinsen der ihm geborgten Summe regelmäßig zahlt. Und dass er sie sogar ewig zahlen könnte, ist möglich, denn er ist ja nach menschlicher Berechnung auf ewige unabsehbare Zeiten zum mindesten gegründet. Unter den gegebenen Voraussetzungen erhält sich dann auch der Wert des Grundkapitals. Ferner muss die Schuldform sich unserem ganzen modernen Verkehr im Wirtschaftsleben, den zu ihrer Entstehung gegebenen politischen und rechtlichen Bedingungen vollkommen anpassen. Wir können keine schwerfällige Schuldform mehr brauchen, deren Kontrahierung einen ebenso ausgedehnten Verwaltungsapparat benötigt wie ihre Tilgung. Vor allem aber muss der Gläubiger die Gewissheit haben, dass er sein Kapital in einem Staate angelegt, dessen Schuldform derartig ist, dass zur Durchführung der aus derselben resultierenden Maßregeln ein einfaches und klares Rechtsverfahren dem Gläubiger wie dem Schuldner jederzeit zum Siege zu helfen verspricht. Allen diesen Anforderungen genügt am meisten die Rentenschuld, und sie ist im grossen und ganzen von den neuen Theoretikern auch als die vorzüglichste Schuldart anerkannt. Man hat gegen die Rentenschuld eingewandt, dass sie durch die Ausstellung der Obligationen in Form eines Inhaberpapieres, Indossamentes, selbst Blancoindossamentes und die Hinweisung der Besitzer auf die Einlösung an der Börse direkt oder indirekt zum Börsenspiele verleitet. Allein dieser Einwand ist nicht stichhaltig. Denn infolge des gegenwärtigen Kreditverkehrs liegt die Sache bei den langterminlichen Obligationen der zurückzuzahlenden Schuld ebenso.

Die Rentenschuld zerfällt in zwei Arten. Bei der unkündbaren Rente (der immerwährenden, beständigen, ewigen, perpetuellen) ist die Rente kein Prozentsatz des Nominal-

kapitals, sondern ausschliesslich eine absolute Grösse. Bei
der kündbaren Rente ist die Rente immer ein Zinsfuss-
prozent eines bestimmten Nominalkapitals, d. h. dass die
Rente zu dem Werte des Nominalkapitals vom Staate nach
Ausübung des gesetzlichen oder vertragsmäßigen Kündigungs-
rechtes zurückerworben, abgelöst werden kann, die unkündbare
Rente nur vermöge des freien Aufkaufes an der Börse [1]).

§ 22.
Unkündbarkeit oder Kündbarkeit der Rente?

Ueber den Vorzug einer jeden dieser beiden Arten hat
sich die Theorie noch immer nicht geeinigt. Man hat die
ewige Rente grundsätzlich statt der kündbaren empfohlen,
indem man sagte, die Garantie der Unkündbarkeit komme
dem Staate zu gute, weil der Gläubiger für diese Garantie
eine Prämie in Form eines reellen Zinsminus zahlen werde [2]).
Wagner bemerkt dagegen ganz korrekt, dass diese Garantie
für den Gläubiger nur dann einen Wert habe, wenn die
Kurse hoch stehen und eine Zinsreduktion zu befürchten sei,
die Unkündbarkeit sei dagegen praktisch wertlos in ungünstiger
Zeit, wo der Staat viele Schulden machen muss und der
Kredit teuer ist. Es ist eben ein Unterschied zu machen
zwischen Staat und Gläubiger. Ein Kündigungsrecht auf
Seite des Gläubigers könnte den Staat in kritischen Zeiten
an den Rand des Verderbens bringen, dagegen ein
Kündigungsrecht des Staates zieht bei der Leichtigkeit der
Uebertragbarkeit der öffentlichen Schuldkapitalien und bei
dem Rückkaufe an der Bank keine Nachteile nach sich. Aus
diesen Gründen wird auch deswegen niemals eine Erhöhung
des Preises der Schuldkapitalien stattfinden. So ist bei uns
in Bayern nach Art. 21 des Gesetzes vom 21. April 1884
die Landeskultur-Rentenanstalt betr., die kgl. Staatsschulden-
tilgungsanstalt verpflichtet, jederzeit einen beliebigen Teil
oder auch den ganzen Betrag der umlaufenden Landeskultur-
Rentenscheine zu kündigen. Ebenso wurde nach dem bayrischen

[1]) Schönberg, l. c., S. 445.
[2]) Deutsches Staatswörterbuch von Bluntschli und Brater, Bd. 10, S. 32.

Finanzgesetz vom 17. Juni 1896 nach § 21 der kgl. Staatsminister der Finanzen ermächtigt, die Schuldverschreibungen
des 4%igen allgemeinen Anlehens, der 4%igen Landes-
kultur-Rentenschuld sowie des 4%igen Eisenbahn-Anlehens
zur baren Heimzahlung für einen vom Staatsminister zu
bestimmenden Zeitpunkt zu kündigen, vorher jedoch den
Inhabern der Schuldverschreibungen die Umwandlung in
3½%ige Obligationen anzubieten.

Die hannoversche Kammerkasse hatte noch bis zum
Jahre 1824 beiderseits kündbare Landesschulden. Um dann
den Gläubigern den Verzicht auf ihr Kündigungsrecht zu
erleichtern, gab man ihnen Inhaber-Obligationen oder
gestattete ihnen die Zerstückelung bezw. Zusammenlegung
in der gewünschten Grösse [1]).

§ 23.

Begebung einer Rentenschuld.

Haben wir in den vorhergehenden Paragraphen das
Wesen und die Voraussetzungen der Rentenschuld zu präzi-
sieren versucht, so haben wir nunmehr auch einige Worte
über ihre Begebung zu sagen. Dieselbe kann direkt erfolgen,
indem der Staat sich unmittelbar an die Kapitalisten wendet
auf dem Wege einer Kommissionsanleihe, bei welcher die
Papiere gegen Provision im Auftrag und auf Rechnung des
Staates gegen Gewährung einer Provision durch Agenten
verkauft werden oder mit Benützung des französischen Systems
des besonderen Rentenverkaufs, wovon im übernächsten Paragraphen die Rede sein wird, endlich durch öffentliche Sub-
skriptionen. Die Kontrahierung einer Rentenschuld kann aber
auch auf indirektem Wege erfolgen, durch Vermittlung von
Kapitalisten: Negotiation, Unternehmeranleihe, welche das
Anlehen übernehmen, um es dann in einer passenden Weise
weiter zu veräussern. Zu diesem Zwecke kann der Staat mit
einem Konsortium von Bankhäusern in Unterhandlungen eintreten oder den Submissionsweg einschlagen, bei welchem

---

[1]) Ubbelohde, Finanzen des Königreiches Hannover, 1834, S. 346, 359 ff.

die Kapitalisten zu offenen oder verschlossen einzureichenden Angeboten aufgefordert werden, von denen das günstigste genommen wird. Bei nicht grossem Staatskredit greift man auch von Seiten der Gläubiger zur Option, indem das Konsortium nur einen Teil des Anlehens übernimmt mit der Zusicherung, dass ihm der Rest zu gleichen oder anderen Bedingungen vorbehalten werde.

§ 24.

Das Staatsschuldbuch und seine Bedeutung in den verschiedenen Staaten[1]).

Mit der Kontrahierung einer Rentenschuld erwachsen aber zunächst dem Schuldner wie dem Gläubiger wichtige Probleme, welche die Sicherung und Verwaltung der Rentenpapiere betreffen[2]).

Nehmen wir an, man gibt die Rentenscheine als Inhaberpapiere aus, so wird ja wohl die Uebertragung solcher Staatsschulden für den Verkehr bedeutend erleichtert, weil mit der Uebergabe des Papieres die Veräusserung vollendet ist[3]). Allein diese Form gewährt nur eine ganz minimale Sicherheit gegen Diebstahl. Denn niemals kann man das Papier in einem solchen Falle von einem Dritten zurückfordern, es müsste denn ausser Kurs gesetzt sein. Bei Vernichtung desselben muss der Eigentumsbeweis angetreten werden, der meistens sehr schwierig ist und, wenn er gelingt, ein langwieriges und kostspieliges Amortisationsverfahren nach sich zieht. Coupons konnten überhaupt nicht amortisiert werden, vielmehr wurden für verlorene Coupons nur dann neue ausgehändigt, wenn die Staatsschuldenverwaltung von der völligen Vernichtung überzeugt war. Die Hilfe, welche die Ausserkurssetzung der Inhaberpapiere oder deren Hinterlegung

---

[1]) E. Francke, Das neue preussische Staatsschuldbuch, Aufsatz in Schanz, Finanzarchiv, 1. Jahrg. 1884, S. 265 – 303.

[2]) Löbe, Das Staatsschuldbuch des Königreichs Sachsen. Schanz, Finanzarchiv, 1895, S. 194—216.

[3]) Franke, l. c., S. 265.

bei einer staatlichen Bank gewährt, ist nicht ausreichend. So lag z. B. die Sache vor 1883 im Königreich Preussen. Deshalb erging im Jahre 1880 von Seite des preussischen Abgeordnetenhauses an die Regierung ein Antrag: Dieselbe wolle in Erwägung nehmen, ob nicht auch die Staatspapiere auf Namen auszugeben seien, und damit war auch eine andere Einrichtung verlangt: das Staatsschuldbuch, das allein in erster Linie dazu berufen ist, die oben angedeuteten Probleme vollkommen zu lösen. Und so erging denn das Gesetz vom 20. Juni 1883, betreffend das preussische Staatsschuldbuch, nach welchem gegen Einlieferung von Schuldverschreibungen der 4 und 3 1/2 %igen preussischen konsolidierten Anleihen die Eintragung der Forderung auf den Namen des Gläubigers und die Verwandlung der auf den Inhaber lautenden Schuldverschreibungen in Buchschulden auf den Namen des bestimmten Gläubigers erfolgte.

Auch das Gesetz betr. das sächsiche Staatsschuldenbuch vom 25. April 1884 macht das Recht des Gläubigers von dem Besitze eines Dokumentes völlig unabhängig, indem man vielmehr nur Denjenigen als berechtigt ansieht, der in ein dazu bestimmtes öffentliches Buch eingetragen ist, ebenso sollen die einzelnen Zinsen oder Renten nur dem eingetragenen Berechtigten ausbezahlt werden. Diesen Prinzipien ist auch das deutsche Reich gefolgt, indem es durch Gesetz vom 31. Mai 1891 ein Reichsschuldbuch einrichtete, dessen Führung der Reichsschuldenverwaltung übertragen ist. Durch Eintragung in dasselbe können die in Gestalt von Inhaberpapieren ausgegebenen Schuldverschreibungen in Buchschulden auf den Namen eines bestimmten Gläubigers umgewandelt werden. Die Umwandlung erfolgt gegen Einlieferungen der Reichsschuldverschreibungen. Auf Antrag des legitimierten Buchschuldgläubigers erfolgt die Rückverwandlung der Buchschuld in eine Inhaberpapierschuld, indem die eingetragene Forderung gelöscht wird und dem Gläubiger Schuldverschreibungen zu gleichem Zinssatze und gleichem Nennwerte verabfolgt werden, zu deren Anfertigung die Reichsschuldenverwaltung durch das Gesetz § 6 Absatz 3 ermächtigt ist.

In Oesterreich[1]) wurden die Inhaberobligationen gegen bloße Einlieferung auf Verlangen in Namensobligationen umgetauscht. Bei Cession von letzteren werden freie und unfreie unterschieden. Letztere sind diejenigen, welche ausdrücklich auf den Namen eines Kurrenden oder einer juristischen Person im engeren Sinne lauten, und ferner die durch die Verwaltung und das Gericht vinkulierten Obligationen. Hier sind besondere Bedingungen vorgeschrieben. Freie Obligationen dagegen werden auf bloßes, unbeglaubigtes Giro des Kurrenden gezahlt, ebenso werden Zinsen von Namensobligationen auf unbeglaubigte Ouittung des Benannten gezahlt.

In Baden[2]) können die Eisenbahnschuldverschreibungen auf den Inhaber gestellt, jedoch auf sein Verlangen auch auf den Namen umgeschrieben oder auch wieder freigeschrieben werden.

Italien, Russland, Spanien, Belgien[3]) haben ebenfalls das System des Schuldbuches angenommen, wonach die gesamte fundierte Schuld in dieses Buch eingetragen werden muss, und zwar auf Grund spezieller Gesetze, und die Inskription in das Buch die Belastung des Staates mit der Schuld erzeugt.

Die Vereinigten Staaten von Nordamerika[4]) haben 1. Inhaberpapiere (coupon bonds), 2. Namenspapiere (registered bonds), bei welchen der Eigentümer nicht bloß auf der Obligation, sondern auch in dem Staatsregister verzeichnet ist. Coupon bonds können auf Antrag beim Schatzamte gegen Registered bonds umgetauscht werden, das Umgekehrte dagegen ist unzulässig. Eigentliche Titres mixtes bestehen nicht.

In Frankreich[5]) schuf die Revolution mit der Unifikation aller Zinsen auf den Antrag Cambons durch Gesetz vom 24. August 1793 le Grand Livre. Es tauchte der Gedanke eines Rentenverkaufs nach der unglückseligen Assignatenwirtschaft auf, und man rief ein Namenspapier (Titre nominatif)

---

[1]) l. c., S. 271.
[2]) l. c., S. 272.
[3]) l. c., S. 272.
[4]) l. c, S. 273.
[5]) l. c, S. 269.

ins Leben. Die Rente konnte auf den Inhaber umgetauscht
werden. Der Kauf oder Verkauf erfolgte von dem Direktorium
der Staatsschulden in der engeren Abteilung des Mutations
et transferts du Grand Livre. Verlust des Titre zog ein
Verfahren vor dem Maire mit zwei Zeugen nach sich. Durch
die Ordre vom 29. Mai 1831 trat neben dem titre nominatif
auch die rente au porteur mit Coupons versehen und mit 3 %
und ¼jähriger Verfallzeit, während für die Namenrente die
halbjährige blieb. 11 Hauptsteuereinnehmer (receveurs) haben
das Recht, eine Inskripton in das Grand Livre bei sich aufzunehmen gegen Empfangnahme der Zahlung; auch können
sie einen Titre ausstellen.

Der praktische und geschäftsmännische Sinn des Engländers hat, wie Stein sehr fein bemerkt, ein Geschäftsbuch
angelegt, ein Saldocontobuch zwischen dem Staate und seinem
Gläubiger [1]).

Den Verkauf einer englischen Schuld besorgt eine
Korporation von Staatsschuldenmaklern: die Stock-brookers.

Die Gesamtheit aller Schulden bildet das Great book der
englischen Bank, welche ihre Gründung unter Wilhelm III.
mit der Ueberlassung ihres Fonds an den Staat erkaufte,
wogegen sie die vollständige Führung des Staatsbuches
zugesichert bekam, sowie die Eröffnung eines Debits an den
Staat. Die eingetragene Schuld bildet die Consolidated
National Debt, jeder Teil derselben einen Consol, bis das
Gesetz von 1865 (26 Vict. c. 28) bestimmte, dass sich jeder-
mann anstatt seines Guthabens im Great book gegen ein
kleines Entgelt Obligationen mit ½jährigen Coupons ausstellen
lassen könne; dieselben sind so eingerichtet, dass sie nach
Wunsch auch in Namenspapiere umgewandelt werden können,
wovon seit 1866 alljährlich ein bedeutender Gebrauch gemacht
wird.

So lernten wir das Staatsschuldbuch als eine Einrichtung kennen, die in allen modernen Staaten von einiger
Bedeutung Aufnahme gefunden hat, und diese Thatsache allein
würde schon genügen, alle die kleinen Nachteile verschwinden

---

[1]) Stein, l. c., S. 484 ff.

zu machen, die man gegen das Staatsschuldbuch ins Feld zu
führen pflegt. So sagt man[1]), der Gläubiger habe in einem
solchen Falle kein Dokument in Händen, mit welchem er
dritten Personen gegenüber sein Recht als fortbestehend
beweisen könne, ausserdem sei das Namenspapier nicht sofort
zurückzuerhalten, denn es müssten die herauszugebenden
Konsols erst ausgefertigt und als ausgegeben registriert
werden. Diese Mängel wären jedoch leicht zu beseitigen,
wenn das Staatsschuldbuch durch Reglement bestimmen würde,
dass bei Abhebung der Konsols der Benachrichtigungszettel
zurückzuliefern sei, und für seinen Verlust ein einfaches
Amortisationsverfahren eingeführt werden würde; denn der
Umstand, dass der Gläubiger den Zettel noch in Händen hat,
würde dann die Nichtabhebung der Konsols beweisen.

Ob der Rückempfang des Papieres mit grösseren oder
kleineren Schwierigkeiten verbunden, ist im Grunde genommen
gleichgiltig; Beweglichkeit im Handel ist der Punkt, auf den
es ankommt; da die Papiere mit Nummern versehen, so kauft
und verkauft man an der Börse ganz einfach die Nummer
und demjenigen, auf den sie zuletzt übergegangen, wird dann
gegen Glaubhaftmachung des vollzogenen Rechtsgeschäftes
die Umschreibung auf seinen Namen bewilligt. Und alle die
Umstände, die ihm etwa dabei erwachsen, werden reichlich
aufgewogen durch die Sicherheit, welche das Staatsschuldbuch
gegen die Folgen eines Diebstahls, Zerstörens oder Verlegens
gewährt.

Wenn in einem Erbfalle die Beibringung eines Erbes-
legitimationsattestes einige Umständlichkeit verursacht, so
möge man dies als eine Eigenschaft eines jeden Nachlasses
ansehen und bedenken, dass ein mit einem öffentlichen Glauben
versehenes Buch nicht ohne weiteres ein so gesichertes
Gläubigerrecht wie das besprochene an einen anderen übertragen kann. Im übrigen überhebt das Staatsschuldbuch den
Staat jeglicher Verwaltungsmühe[2]) und gibt in der Deklarations-
pflicht des Namenspapieres den Steuereinschätzungsbehörden

[1]) Franke, l. c., S. 298.

[2]) Eodem.

ein Präservativ gegen Steuerdefraudationen in die Hand, wie die Eintragung in die Hypothekenbücher. Verwerfen zu wollen, was die Praxis als zweckmässig sanktioniert, hiesse gegen alle Staatsraison handeln; um aber auch die unzufriedenen Geister zu befriedigen, so räume man auch dem Inhaberpapier einen Platz neben dem Namenspapier ein, und dessen Inhaber mögen nun zusehen, wie sie sich mit seinen Nachteilen abfinden.

§ 25.

Couponsteuer.

Diejenigen, welche in einer möglichst ausgedehnten Besteuerung das Universalmittel erblicken, dem Staate möglichst viele Einnahmen zu verschaffen, haben in den Coupons der Rentenpapiere sofort ein geeignetes Objekt gefunden, an dem sie ihre segensreiche Theorie verwirklichen könnten. In Oesterreich zum Beispiel hat sich ihr Wunsch erfüllt [1]). Allein die Gleichheit, die in den Köpfen gewisser Weltverbesserer als das erstrebenswerte Endziel aller menschlichen Entwicklung herumspukt, führt hier zu einer grossen Ungerechtigkeit und Ungleichheit in der Art, wie die Steuer auf den einzelnen Rentnern lastet. Das kleinste Einkommen aus Zinsen wird hier ebenso herangezogen wie das grösste [2]), und ersteres empfindet gewiss den Verlust viel mehr als letzteres. In gleicher Weise trifft man hier den ausländischen wie den inländischen Besitzer. Ueberhaupt enthält dieses Verfahren eine Verkürzung an dem nach privatlichen Grundsätzen vom Staate als Schuldner seinem Gläubiger kontraktlich zugesicherten Zins, mit anderen Worten: eine dem Vertrage zuwiderlaufende Zinsreduktion [3]), denn wenn die Gläubiger diese Initiative des Staates ahnten, würden sie gewiss nicht unter diesen Bedingungen auf den Vertrag eingehen. Vorher einen Vertrag schliessen und dann auf seine Macht pochend, dessen Bedingungen brechen, wäre

---

[1]) Wagner, Die Ordnung des österreichischen Staatshaushaltes, Wien 1863. S. 187 ff.

[2]) l. c., S. 190.

[3]) l. c., S. 188.

von seiten des Staates ein Vergehen, das seinen Kredit auf
das empfindlichste schädigen müsste. Und einem solchen
Rechtsbruche gegenüber müssen auch die zwei für eine
Steuer sehr in Betracht kommenden Vorteile der Couponsteuer
zurücktreten, nämlich sie verursacht fast keine Erhebungs-
kosten und trifft das ganze, vom Gesetze als steuerpflichtig
erklärte Einkommen mit Sicherheit, da sich niemand dieser
Steuer entziehen kann [1]).

§ 26.

Notwendigkeit der Tilgung von Rentenschulden.

Wie nun auch einerseits die Entstehung einer Renten-
schuld notwendig erscheint, als die einzige für unser modernes
Wirtschaftsleben passende Schuldform, sowie die Art ihrer
Aufnahme wie ihrer Verwaltung festgestellt ist, so ist
andererseits auch über ihre Tilgung ein entscheidendes und
klares Wort zu sprechen. Man hat ja zuweilen in völliger
Verkennung des Wesens der Rentenschuld eine jegliche
Tilgung verworfen oder sich überhaupt bezüglich dieses
Punktes nicht entschieden ausgesprochen. Allein um gleich
unsere Ansicht präcis kund zu geben, müssen wir uns dahin
äussern, dass eine Rentenschuld notwendiger Weise eine
spätere Tilgung voraussetzt, und dass keineswegs in ihrem
Wesen ein unbegrenztes Schuldenmachen seine Rechtfertigung
finden könne. Diese falsche Idee von der Rentenschuld hängt
mit der Theorie von dem Fortschreiten der Volkswirtschaft
zusammen. Von dieser sagt ja Macculloch: sie sei der beste
Tilgungsfonds [2]). Man geht zur Begründung dieser Theorie
von der wachsenden Zunahme des Volkes und damit auch
des Volksreichtumes aus, weist darauf hin, dass bei der
Rentenschuld der Betrag der Staatsschuld wie der Zinsen
unverändert bleibe, also auch immer eine gerechte Zinsreduktion
ermöglicht werde und so allmählich der Druck der Last immer
unempfindlicher werde. Allein wie überhaupt kein menschliches
Wachstum ein unendliches ist, so ist dies noch weniger beim

---

[1]) l. c., S. 188.
[2]) Roscher, Bd. IV, S. 127.

ewigen Wechsel der Politik in der Volkswirtschaft der Fall.
Eine solche Methode führt zu einer leichtsinnigen Schuldenkontrahierung, und wenn der wachsende Druck sich auch ganz
langsam bemerkbar macht, so wird er allmählich um so
empfindlicher werden, und zuletzt unabwendbar die Katastrophe
heraufbeschwören. Es wirft sich hier die Frage nach der
Grenze des öffentlichen Schuldenmachens von selbst auf. Man
hat darauf sogar ganz bestimmte Antworten zu geben versucht. Schmalz z. B. ist in seinem bereits erwähnten Werke
der Meinung: da die möglichst höchste Steuer auf $^2/_5$ des
Betrages des reinen Volkseinkommens geschraubt werden
könne, so könne auch die Staatsschuld eines Volkes nur so
hoch gesteigert werden, dass von diesen $^2/_5$ nebst den übrigen
Aufwandsposten der Staatsverwaltung auch die Zinsen der
von der Regierung aufgenommenen Schulden bezahlt werden
können. Allein abgesehen von der nicht bewiesenen Richtig-
keit der Annahme, lässt sich das Volkseinkommen überhaupt
nicht mit numerischer Sicherheit feststellen. Das punctum
saliens liegt hier vielmehr in der Individualität der Betriebsamkeit und des Erwerbslebens eines Volkes. Eine Nation, die
in der Entwicklung und im Reichtum vorwärtsschreitet, deren
Kräfte noch einer üppigen Entfaltung fähig sind, wird natürlich leichter Schulden machen können als ein Volk, das noch auf
der untersten Stufe der Bildung steht, dessen Finanzen zweifelhaft oder bereits im Sinken begriffen sind. Aber selbst das best-
situierte Land wird auch an die Rückzahlung denken müssen.
Dies ergibt sich schon aus dem Charakter der Rentenschuld.
Bei der nicht zurückzahlbaren Schuld haben wir das Institut
des Rentenverkaufes, dessen Anfänge bis in das 11. Jahrhundert zurückreichen, denn die Rentenbriefe sind das älteste
Namenspapier. Bei der rückzahlbaren Schuld dagegen liegt
ein Darlehensvertrag vor, und die über diesen Vertrag aus-
gefertigte Urkunde ist ein Schuldschein, dessen Rechtskraft
erst mit der Zurückzahlung des dargeliehenen Kapitales
erlischt. Und zwar ist das Verhältnis zwischen Gläubiger
und Schuldner ein privatrechtliches, denn das Darlehen ist
kein Ausfluss der Staatshoheit, da die Privaten, welche dem

Staate ihre Kapitalien vorstrecken, dazu nicht verpflichtet
sind [1]). Ist so aus juristischen Gründen die Rückzahlung der
Rentenschuld eine Notwendigkeit, so ist sie es noch mehr
aus politischen Gründen, deren Bedeutung ein französischer
Staatsmann kurz und treffend hervorgehoben, wenn er sagt:
Un état qui n'a point de dette ou qui n'en a qu'une légère
est comme un chevalier qui a son armure tout prête pour
aller au combat. Nur kommt es vor allem auf die richtige
Zeit und Art der Schuldentilgung an. In erster Linie kann
eine Tilgung nur dann anzuraten sein, wenn die Zeiten ruhig
sind und keine Wolke den politischen Horizont trübt; sodann
nur, wenn die Staatseinnahmen dauernde Ueberschüsse über
die Staatsausgaben ergeben, oder wenn der Regierung ausserordentliche Kapitalzuschüsse zufliessen, deren Anlage momentan
Schwierigkeiten bereiten würde, wie Ablösungsgelder für
grundherrliche Dominialrechte oder Kriegs-Kontributionen,
welche eines der vornehmsten Tilgungsmittel bilden [2]). So
wurde die französische Kriegskontribution von 1817 für
mehrere deutsche Staaten der Anfang zu einer ernsten
Schuldentilgung und die von 1871 zur Tilgung der Anlehen
des norddeutschen Bundes verwendet. Bereits im Jahre 1560
hatte in Frankreich auf dem Reichstage der dritte Stand
eine Tilgung durch säkularisierte Kirchengüter vorgeschlagen.
So haben besonders zwei grosse Ereignisse den modernen
Staaten es ermöglicht, ihrer drückenden Schuldenlast Herr
zu werden. Dies waren vor allem die grossartigen Ent-
deckungen von Edelmetallen in Australien und Kalifornien
1851, sowie die wunderbaren Fortschritte in den Verkehrs-
mitteln, dank der Anwendung des Dampfes, welche die
ganze Volkswirtschaft auf neue, zu herrlichen Zielen führende
Bahnen lenkten und ein Gleichgewicht der Staatseinnahmen
und der immer sich steigernden Ausgaben ermöglichten. Bei
allen Ueberschüssen aber darf man nie sofort zur Schuldentilgung schreiten, erst wenn die andern Lücken im Staats-
haushalt ausgefüllt, wenn die lästigsten Steuern abgeschafft

---

[1]) Körner, Alois, Conversion öffentl. Schulden, Wien 1893. S. 11.

[2]) Roscher, System etc., Bd. IV, 1894, § 140 mit Anm. 3.

und tadelnswerte nicht mehr bestehen, wenn das ganze Land im Wohlstande fortschreitet, dann wird es eine Pflicht des Finanzministers sein, die Ueberschüsse zur Schuldentilgung zu verwenden, und es ist eine Aufgabe der Gesetzgebung, die Gewissheit eines solchen Verfahrens im Interesse der Gläubiger gesetzlich zu sichern. Alle bedeutenderen Staaten wie das Deutsche Reich (Preussen), England, Frankreich, die Vereinigten Staaten, sind zum System der freien Tilgung übergegangen[1]). Schuldentilgungskassen bestehen in Bayern und Baden. Am grossartigsten führten ihre Schuldentilgung die Amerikaner durch, indem sie von 1865—87 gegen 1800 Millionen Dollars aus der Welt schafften[2]). Roscher meint, dies hänge zusammen teils mit dem gänzlichen Fehlen eines kostspieligen Flotten- und Heerwesens im Frieden, andererseits damit, dass die Zölle aus Schutzgründen, also zum Vorteile der Staaten, welche im Bürgerkriege gesiegt haben, festgehalten werden. Wenn Leroy-Beaulieu dieses Vorgehen als einen Irrtum bezeichnet, so lässt er sich selbst damit einen ganz gewaltigen diplomatischen Fehler zu Schulden kommen. Er weist hin auf den grossen Nationalreichtum, auf die vielen noch unbewohnten und unkultivierten Gegenden und die vielen Einwandernden, und hält bei einer so glänzenden Aussicht auf die Zukunft eine rasche Schuldentilgung für unzweckmäßig. Im Interesse des Landes dürfte das gerade Gegenteil anzuraten sein. Denken wir uns das Land so reich ausgestattet mit Mitteln, mit einer nur unbedeutenden Schuldenlast beladen, so bedarf es nur noch eines staatsmännischen Genies, das diese Mittel richtig verwertet, um so manchen nach aussen hin erglänzenden Staat erzittern zu lassen, denn die Hauptkraft eines staatlichen Organimus liegt in seinem Inneren, seiner Volkswirtschaft, begründet. Allerdings kann eine rasche Tilgung angefochten werden, aber von einem ganz anderen Gesichtspunkte aus. Schon Nebenius[3]) weist auf die „Möglichkeit eines nachteiligen Einflusses einer raschen Schuldentilgung und die

---

[1]) Eheberg, l. c., S. 363.
[2]) Roscher, l. c., S. 647, Anm. 2.
[3]) l. c., S. 699—704.

verderblichen Folgen einer gänzlichen oder teilweisen Vernichtung der Staatsschuld" hin. Denn bei der durch die Schuldentilgung bewirkten raschen Kapitalanhäufung könnte durch die dadurch hervorgebrachte Veränderung der Lage der verschiedenen Klassen zu einander die Nachfrage in einzelnen Zweigen sich ändern; ferner würde sich das Einkommen der Staatsgläubiger um den Betrag der Zinsen vermindern, manchen würden sogar ihre Subsistenzmittel entzogen[1]) und diese gezwungen werden, von dem Kapitale zu zehren. Darum empfiehlt sich eine langsame Schuldentilgung, die aber trotzdem, mit Nachdruck betrieben, den Staat in hohem Grade entlasten kann.

§ 27.
Art der Tilgung der Rentenschulden.

Hat der Staat einmal die Schuldentilgung als vom moralischen, juristischen und politischen Standpunkt aus notwendig anerkannt, so muss er auch den kürzesten, einfachsten und klarsten Weg zur Ausführung dieser seiner Pflicht einschlagen.

Dieser Aufgabe wird er am ehesten gerecht, wenn er eine Staatsschuldentilgungskassa mit gesonderter Verwaltung und einem besonderen Tilgungsfonds einrichtet. Ihre Thätigkeit besteht darin, die Obligationen zurückzukaufen an der Börse oder die zur Einlösung bestimmten einzulösen. Werden die so zurückerworbenen Schuldtitel an der Tilgungskassa weiter verzinst, so wird bei dem raschen Anwachsen des Fonds eine baldige Tilgung ermöglicht. Und zwar bezeichnet schon Dietzel[2]) als Grund dieser Verpflichtung ein Doppeltes: einerseits die Rücksicht auf zweckmässige Verwendung aller vorhandenen Kapitalien, andererseits die auf Erhaltung des Staatskredits. Denn da der Gläubiger jederzeit muss die feste Ueberzeugung haben können von der Möglichkeit, sein in der Staatsschuld angelegtes Kapital wieder herauszuziehen, um es zu einer vorteilhafteren Anlage zu verwenden, so muss

---

[1]) l. c., S. 702.
[2]) Dietzel, System der Staatsanleihen. Heidelberg 1855. S. 221.

der Staat als Mitkonkurrent auftreten beim Verkaufe seiner Papiere und damit zugleich den Kurs derselben halten. Dadurch erhält und erhöht er aber auch seinen Kredit, der es ihm ermöglicht, immer wieder neue Anleihen aufzunehmen. Wenn man im Gegensatze zu diesen Ausführungen in der alten Tilgungsweise ein Mittel gesehen hat zur Hebung und zum Halten der Kurse, so ist dies nach den dargelegten Mängeln der alten Tilgungsmethoden und den besprochenen Vorzügen der Rentenschuld eine Behauptung, die ernstlich nicht mehr bestritten zu werden braucht. Die Gründe für einen günstigen Kurs und eine unter gelungenen Bedingungen gemachte Anleihe sind wo ganz anders zu suchen. Sie liegen in dem allgemeinen und unerschütterlichen Vertrauen, in der pünktlichen und regelmäßigen Zinszahlung, in einer von unabhängigen Organen geübten Finanzkontrolle — so hat Oesterreich durch Gesetz vom 13. Dezember 1862 eine das Staatsschuldenwesen stets überwachende, von der Reichsvertretung gewählte Kommission eingesetzt[1]) —, in der Herstellung einer dauerhaften Valuta und einer gleichen Wertmessung von Banknoten und Münzen, in dem mehr oder minder zu lobenden ökonomischen Zweck des Anlehens, in der·Einfachheit, Klarheit und Aufrichtigkeit des zu belastenden Budgets.

Rau berichtet zu seiner Zeit von Baden, man habe dort seit dem Jahre 1820 Tilgungspläne auf nur 2 Jahre und andauernd folgendes Verfahren: der jährliche Tilgungsbetrag werde um 5 % der im vorangehenden Jahre getilgten Summe vermehrt, was seit der Erniedrigung des Zinsfusses sogar mehr ausmachte als die ersparten Zinsen. Sodann werde für jede Vermehrung der Schuld sogleich ¹/₂ % ihres Betrages zur Tilgung angewiesen, alte und neue Schulden zusammengeworfen.

Aus dieser Methode ist (wenn wir sie auch nicht billigen können, weil sie nach dem alten Schema angelegt ist,) der Wert der Beibehaltung eines Tilgungsfonds doch so evident ersichtlich,

---

[1]) Wagner, Die Ordnung des österreichischen Staatshaushaltes. Wien, 1863, S. 180 ff.

dass wir seine Wiederauferstehung in der neuen Gestalt nur
mit Freuden begrüssen können im Interesse jeder neu ent-
stehenden Schuld, und darum haben wir uns auch am Anfange
dieses Paragraphen für seine Beibehaltung ausgesprochen.

Ausserdem bildet ein Tilgungsfonds ein wirksames Mittel,
die Schuldentilgung immer als eine Hauptaufgabe des Staates
gegenüber den Gläubigern zu dokumentieren [1]). Ferner besitzt
ein Staat in einem grossen Tilgungsfonds ein Mittel, seine
Rivalen in beständigem Schach zu halten, indem er ihnen vor
Augen führt, wie es ihm stets möglich sei, ohne einen Pfennig
neuer Steuern aufzulegen, so und so viel für Kriegszwecke
flüssig zu machen, er ist also in erster Linie ein Hort des
Friedens, und diese Thatsache lässt ihn uns schon allein
begehrenswert erscheinen in unserer trotz allem äusseren
Friedensnimbus nach kriegerischen Lorberen haschenden Zeit.
Man wollte auch einen Spezialtilgungsfonds für einzelne Anleihen kreieren. Hier sollten neben einer Jahresdotation zur
Tilgung auch die Zinsen der eingelösten Obligationen zur
Tilgung verwendet werden. Der Staat verspricht, eine kleine
Quote des ursprünglichen Anleihebetrages zu tilgen, und man
verteilt die Tilgung auf eine lange Reihe von Jahren. Mit-
unter wird auch eine kleine Summe, z. B. 1 %. des ursprünglichen Betrages zur Tilgung verwendet. Dies scheint auf
den ersten Blick weiter nichts als das Verfahren Badens zu
sein, allein den in dieser Methode liegenden Fehler hat Baden
vermieden, indem es Tilgungspläne auf nur 2 Jahre entwickelte.
Denn lange Tilgungsfristen sind, wie wir schon gezeigt,
höchst verwerflich, und darum hat auch die soeben besprochene
Methode keine praktische Bedeutung und wird daher auch
mit Recht in Deutschland allenthalben verdammt. Wir haben
die Methode in Baden nur deshalb erwähnt, weil sie darauf
hinzeigt, wie man im Voranschlage solcher Jahre, in denen
mutmaßlich keine Schuldvermehrung stattfindet, die Tilgungs-
summe unter die Ausgaben aufnehmen und die Amortisierung
nach einer festgestellten Regel mit Benutzung der ersparten
Zinsen so lange fortsetzen kann als es die Umstände gestatten.

---

[1]) Roscher, System etc., Bd. IV, 1894, S. 650.

An die Frage der Schuldentilgung schliesst sich aber im Falle ihrer Bejahung noch eine andere an: das ist die nach der Reihenfolge, in welcher die Schuldscheine einzulösen sind [1]). Hier kann man nur im Allgemeinen sagen, dass es zu empfehlen ist, zuerst die auswärtigen Gläubiger abzulösen, ein Verfahren, das Leopold II. 1780 beobachtete [2]), und dann erst die Gläubiger im Inlande. Hier kommen in erster Linie in Betracht die höchstverzinslichen Papiere, nur am Anfang einer Friedenszeit, wo ein starkes Sinken des Zinsfusses zu erwarten ist, zuerst die niedrig verzinslichen, im übrigen sollen die älteren Obligationen den jüngeren vorangehen und bei solchen mit gleichem Datum das Loos entscheiden.

Um der Vollständigkeit halber auch die ewigen Renten zu berühren, so verdient eine solche Anleihe entschieden den Vorzug, wenn die Schulden oder die sonstigen Ausgaben des kontrahierenden Staates so gross sind, dass eine Tilgung derselben in ungewisser Zukunft liegt. Allein man wird in einem solchen Falle die Kreditfähigkeit des betreffenden Staates ebenso mit Recht in Zweifel ziehen wie die Garantie einer sicheren Verzinsung, und darum hat diese Rente keine praktische Bedeutung mehr für einen vernünftig denkenden Staatsgläubiger. Russland hat ewige Renten, die nicht gekündigt, aber wenigstens an der Börse zurückgekauft werden können, mit einem Kapitalwerte von circa 289 Millionen Rubel [3]).

___

3. Kapitel.

Die Schatzanweisungen als ein neben der Rentenschuld wohl zu Recht bestehendes Papier.

§ 28.

So vollkommen auch die Rentenschuld nach der ganzen Art ihrer Entstehung wie ihrer Tilgung sein mag, so kann

___

[1]) Roscher, System etc., 1894, Bd. IV, § 142.
[2]) eodem Anm. 2.
[3]) Roscher, l. c. Bd. IV. § 140. Anm. 1.

sie doch niemals den Anspruch erheben wollen, andere Arten
von Staatspapieren neben sich auszuschliessen, wenn sich dieselben in der Praxis wie in der Theorie als nützlich erweisen
sollten, und zwar gilt dies insbesondere von den sogenannten
Schatzanweisungen. Wir haben bei Besprechung der schwebenden Schuld im § 5 eine Erörterung dieser Schuldart an
dieser Stelle bereits angekündigt. In der Theorie sind die
Schatzscheine von den älteren Schriftstellern, wie Malchus,
Nebenius und Rau, kaum gewürdigt worden; selbst von den
neueren schweigen sich noch Dietzel, Umpfenbach über sie aus;
erst Stein, Wagner, Roscher und Eheberg gedenken ihrer mit
wenigen Zeilen.

Man versteht unter Schatzanweisungen Anweisungen der
Finanzverwaltung auf die Staatskasse. Sie werden gewöhnlich
nur auf kurze Zeit ausgegeben (3 bis 12 Monate), manchmal
selbst auf mehrere Jahre, wie z. B. die englischen Schatz-
kammer-Bonds und die norddeutsche Kriegsanleihe in fünf-
jährigen Scheinen. Sie tragen entweder einen festen Zins,
der sich nach der jeweiligen Lage des Geldmarktes richtet, etwa
dem Diskontosatz für gute oder beste Wechsel entspricht und
bei Ablauf des Scheines mitbezahlt, bei länger laufenden mittelst
halbjährigen Coupons erhoben wird, oder sie sind sogenannte
unverzinsliche, d. h., sie werden wie Wechsel gleich gegen
Abzug des Diskonts verkauft[1]). Wagner nennt sie „gewisser-
massen dauernd systematisierte Antizipationen"[2]). Ihr Wert
ist unzweifelhaft bedeutend. Wir müssen ja neben der meist
auf grosse Zeiträume festgelegten Rentenschuld eine beweg-
lichere Schuldart mit kürzeren Fristen haben. Sie unter-
liegen keinen oder ganz unbedeutenden Kursschwankungen[3])
und bieten dem Staate eine vorzügliche Gelegenheit, von
seinen momentan überflüssigen Kapitalien einen guten
Gebrauch zu machen. Endlich erleichtern sie Anleihen, deren
Ertrag erst nach und nach verbraucht wird, in einem
hohen Grade durch Hinausschiebung auf den günstigsten

[1]) Schönberg, Handbuch der politischen Oekonomie, 1882, l. c., S. 438 u. 439.
[2]) Deutsches Staatswörterbuch von Bluntschli und Brater. 1867, Bd X.
l. c., S. 23 ff.
[3]) Bluntschli, l. c., S. 24.

Zeitpunkt[1]). So wurde bei den neueren preussischen Anleihe-
gesetzen immer die vorläufige Ausgabe von Schatzscheinen
gestattet. Wenn man gegen sie vorbringt, sie seien zu ver-
führerisch, so ist das eher ein Lob wie ein Tadel, und eine
Weigerung der Prolongation würde die Staaten noch lange
nicht zur Zahlungssuspension nötigen, denn dagegen gäbe es
ein sehr einfaches Mittel: die Erhöhung des Zinsfusses[2]).
So bilden die Schatzanweisungen nach den verschiedensten
Seiten hin ein wohlthätiges Komplement der Rentenpapiere
für den Staat wie für den Gläubiger. Darum haben sie auch
bereits eine grosse Verbreitung gefunden. Ein Analogon der
Schatzkammerscheine waren die Recepisses der holländisch-
ostindischen Kompagnie: Antizipationen auf die kommenden
Warenverkäufe, welche auf sechs Monate zu 3 % Zinsen
jährlich gestellt wurden, und auch schon vorher, wenn sechs
Wochen zuvor gekündigt worden, zur Einlösung präsentiert
werden konnten; seit 1746 üblich, mit gutem Kredite, bis ein
1781 vom Staate erteiltes Moratorium denselben zerstörte[3]).
England hat die exchequer bills gewöhnlich auf zwölf
Monate ausgegeben und die treasury bills, welche in
Form von Wechseln auf die Staatskasse oder die Bank
vom Schatzamte ausgestellt werden, die exchequer bonds,
Obligationen mit mehrjähriger Heimzahlungsfrist. In Frankreich wurde Oktober 1892 die Ausgabe von Schatzscheinen sistiert, aber am 17. Januar 1893 die Ausgabe
von Bons du trésor mit viermonatlicher Verfallzeit zu 2 %
angeordnet. In Oesterreich haben wir die Salinenscheine, in
Russland die Reichsschatzbillets und in Italien die Buoni di
tessoro[4]). Nach dem norddeutschen Bundesgesetz vom 6. Nov.
1867 sollten Schatzanweisungen nur auf ein Jahr ausgestellt
werden. Nach dem Reichsgesetz vom 18. März 1894 ist der
Reichskanzler zur Ausgabe von Schatzscheinen, jedoch nicht
über den Betrag von 175 Mill. Mark hinaus. ermächtigt zur

---

[1]) Roscher, Bd. IV, S. 659 und Anm. 7.
[2]) Bluntschli, l. c., S. 24.
[3]) Roscher, Bd. IV, § 143, Anm. 5.
[4]) Eheberg, l. c., S. 337.

vorübergehenden Stärkung des ordentlichen Betriebsfonds[1]).
Ebenso kann nach dem preussischen Etatsgesetz für das Jahr
1894/95 nach Anordnung des Finanzministeriums zur vorübergehenden Stärkung des Betriebsfonds die Generalstaatskasse
verzinsliche Schatzanweisungen bis auf die Höhe von 100 Mill.
Mark ausgegeben[2]).

4. Kapitel.
Zinsreduktion[3]).
§ 29.
Wesen der Konversion.

So sehr auch die Tilgung der Staatsschulden vom
finanziellen Standpunkte aus zu empfehlen, so kann sich der
Staatsmann doch mit ihr nicht begnügen, denn als ein Radikal-
mittel erfordert sie immerhin grosse Opfer an Geld; man
wird sich daher unwillkürlich auch nach einer Tilgungsart noch
umsehen müssen, die sich für den Staat in einer in seinem
Haushalt kaum wahrnehmbaren Weise vollziehen lässt, und
bei der womöglich kein Stück Papier- oder Münzgeldes durch
die Finger gleitet. Diesen Bedürfnissen kommt in erster Linie
eine Zinsreduktion entgegen. Gewöhnlich werden die Anleihen
in sturmbewegten Zeiten aufgenommen; aber allmählich glätten
sich die politischen Wogen wieder, und die nächste Folge
wird nun sein, dass der landesübliche Zinsfuss unter die
Höhe des für die Staatsschuld verabredeten herabsinkt, was
sich durch einen dauernden Stand des Staatspapierkurses
über pari äussert. Hat nun der Staat die Schlauheit besessen,
die Anleihen al pari oder doch wenigstens so ziemlich zu
einem hohen Zinsfusse aufzunehmen, so bietet sich ihm jetzt

---

[1]) eodem, S. 336.

[2]) eodem, S. 337.

[3]) Alois Körner, Die Konversion öffentlicher Schulden, Wien und
Leipzig 1893. — Ströll, Conrads Jahrbb. 1886, II, 422 ff. — Labeyrie,
Théorie et histoire des conversions de rentes. — Grimaldi, Osservazioni
sulla conversione delle rendite pubbliche (1836). — Nebenius, Ueber Herabsetzung der Zinsen der Staatsschuld (1838). — August Lambert, System
der französischen Anleihen, oder Reduktion der Nationalschuld (1824).

eine ausgezeichnete Gelegenheit, durch eine Konversion seine Schuldenlast zu erleichtern. Und zwar geschieht dies in der Weise, dass er seinen Gläubigern eine Zinsreduktion anbietet mit der Alternative, dass er ihnen, wenn sie damit nicht einverstanden sein sollten, ihre Kapitalien zurückzahlt. Der Staat ist in diesem Falle, um uns des Bildes Leroy-Beaulieus zu bedienen, einem Privatmann vergleichbar, der in einer schlimmen Lage 100 zu 6 % geliehen und nun später seinem Gläubiger, nachdem sein Glück zurückgekehrt, das Anerbieten macht, seine Schulden zu bezahlen oder sie nur zu verlängern, indem er 5 % weiter zahlt. Juristisch haben wir einen Novationsvertrag, denn die alte Schuld wird zurückbezahlt und eine neue Schuld aufgenommen.

§ 30.
Recht zur Konvertierung.

Man hat das Recht der Konvertierung dem Staate auf das energischste abstreiten wollen. Ein lehrreiches Beispiel liefern diesbezüglich die französischen Kammerverhandlungen in den ersten Dezennien des 19. Jahrhunderts gelegentlich der Beratung verschiedener Konversion. Man bestritt zunächst das Recht, auf Seiten des Staates eine Konversion vorzunehmen [1]). Allein wir haben hier einen Vertrag zwischen dem Staate und den Gläubigern, der nach zivilrechtlichen Grundsätzen jederzeit gekündigt werden kann; warum eine Kündigung von seiten des Gläubigers niemals statthaft sein kann, haben wir bereits des Näheren dargelegt, und für diesen Rechtsverlust geniesst der Gläubiger andere Vorteile, die wir im Laufe dieser Arbeit hervorzuheben ebenfalls schon öfters Gelegenheit hatten. Ebenso ist es ganz verkehrt, zu behaupten, dass die ganze Konversion durch das Angebot der Rückzahlung bei der grossen Menge der Gläubiger eine Illusion sei. Dabei ist vollkommen übersehen, dass die erste Voraussetzung einer Konversion die Zahlungsfähigkeit der Regierung ist, ohne welche dieselbe niemals ein solches Angebot machen darf; darum sagte ja auch Minister Villèle

---

[1]) cf. Körner, l. c., S. 18 ff.

in den oben erwähnten Verhandlungen: Il était encore
de notre devoir de nous assurer les moyens d'opérer en
réalité le remboursement, s' il était réclamé, car la justice
de la mesure comme sa réussite, réposait sur cette possibilité [1]).
Sodann werden nicht alle Gläubiger die Rückzahlung verlangen,
und es wäre nur der erste Ansturm auszuhalten, allein auch
diese Kalamität trifft kaum ein, da eine Konversion gewöhnlich
nur vorgenommen werden wird, wenn die Umstände dazu
reif sind und die Gläubiger im Inlande wie im Auslande ihr
Kapital besser anzulegen nicht imstande sind. Dieser letztere
Umstand spricht insbesondere auch gegen den Vorwurf, als
wenn eine Conversion den Zinsfuss am Geldmarkte herabdrücken
würde. Diese Ansicht beruht auf einer groben Verwechslung
von Ursache und Wirkung. Denn das Sinken des Mark-
zinsfusses veranlasst ja erst eine Konversion. Was aber den
Aufwand an Zeit, Kosten und Mühe bei einer Konversion
anlangt, so ist derselbe gering im Vergleich zu einer Schuldentilgung, zumal, wenn man bedenkt, welch enormen Vorteil
der Staat bei einer Zinsreduktion zieht.

Am allerwenigsten ist aber der Einwand berechtigt,
dass der Staat durch ein solches Verfahren seine Gläubiger
mit schnödem Undank belohne, indem er die Zinsen von dem
Kapitale verkürze, mit dem sie ihm in den Zeiten der Not
hilfreich beigesprungen seien[2]). Denn nehmen wir an, die
Anleihe erfolgte unter pari und die Rückzahlung al pari, so
hat der Gläubiger an der Differenz zwischen dem Emissions-
kurs und dem Nominalwert der Rente einen offensichtlichen
Gewinn; und selbst bei einem Anlehen über pari hat der
Gläubiger keinen Nachteil, denn ob ich eine 5%ige Rente
um 125 oder eine 4%ige um 100 kaufe, macht keinen Unterschied, wenn nur mir die 100 erhalten bleiben und voll
zurückbezahlt werden können. Dagegen ist eine andere
Thatsache bei der Konversion wohl zu berücksichtigen. Man
hat nämlich schon des öfteren darauf hingewiesen, dass es

---

[1]) Körner, l. c., S. 20.
[2]) Körner, l. c., S. 21.

bei einer Konversion immer eine Unzahl von Leuten gäbe, welche durch Verkürzung ihrer schon so knapp bemessenen Einnahmen in ihrer Lebenshaltung dauernd und empfindlich geschädigt würden. Allein vor allem dürfte man hier von einer Unzahl nicht sprechen können, denn man muss einen Unterschied eintreten lassen zwischen den einzelnen Klassen. Diejenigen, welche ein so kleines Kapital besitzen, dass eine Zinsherabsetzung von $\frac{1}{2}$ % ihre Lebensstellung gefährdet, werden wohl ihren Unterhalt noch aus anderen Quellen, wie einer Arbeitsthätigkeit, beziehen müssen, schon vor der Konversion; eine Zinsherabsetzung wird also nur eine Erhöhung ihrer Leistungen nach sich ziehen, die sie bei dem geringen Betrage des Unterschiedes, wenn man den Maßstab eines Jahres anlegt, nicht dem Tode entgegenführen kann; von einem kümmerlichen Fortbringen kann keine Rede sein, da dieser Ausdruck auf Leute, die Renten vom Staate beziehen, nicht anwendbar ist. Es wäre also nur die Frage aufzuwerfen, ob nicht der Staat den Witwen und Waisen derjenigen gegenüber, die ihm dereinst Dienste geleistet, verpflichtet sei, ihnen den aus seinen Maßregeln erwachsenden Schaden ein wenig geringer zu gestalten, da dieselben infolge ihres Standes und ihrer Bildung weniger zum Kampfe um das tägliche Brot geeignet sind. Man hat daher vorgeschlagen, zu gunsten der Witwen und Waisen von Offizieren und Beamten aus den Zinsersparnissen eine Art Dispositionsfonds für bevorzugte kleine Rentner abzuzweigen. Wenn man die Möglichkeit bezweifelt hat, hier eine Grenze zu ziehen zwischen kleinen und grossen Rentnern, indem man z. B. darauf hinwies, dass eine Witwe, die mit 2000 Mark Rente acht Kinder zu erziehen hat, ein zweifellos viel kleinerer Rentner sei als ein alleinstehender Mann mit nur 1500 Mark Rente, so ist die Begründung falsch, weil sie auf einer ganz unlogischen Gegenüberstellung beruht. Ein alleinstehender Mann mit 1500 Mark Rente kommt hier überhaupt nicht in Betracht, sondern die Waisen und Witwen, die noch nicht oder nicht mehr fähig sind, den ihnen widerfahrenen Verlust durch eigene Thätigkeit wieder gut zu machen. Und nach dieser Richtung hin kann man wohl eine Abstufung nach Zahl der Köpfe und der Jahre eintreten lassen.

Dieser Mangel wird aber desto geringer, je allmählicher eine Zinsreduktion erfolgt. Wenn man von demokratischer Seite mit einer ganz sinnlosen und unbegründeten Parteiwut gegen eine Konversion zu Felde zieht, so darf man nicht vergessen, dass gerade die Zinsreduktion es ist, welche die gegenseitige Annäherung der Gesellschaftsklassen fördert, die Ansammlung allzu grosser Rentenbezüge hindert, den Wert der Arbeit erhöht, die volkswirtschaftlich als unnütz verschrieene Klasse des Rentnertums verringert und mit dem Sinken des Zinsfusses die Steuerzahler entlastet, wenn auch in den unteren Klassen kaum merklich, weil dieselben eben auch nicht so bedeutende Summen zahlen [1]). Aus allen diesen Gründen darf man nicht so ohne weiteres eine Einrichtung verdammen, die dem Staate einen unendlich grossen Nutzen, den Gläubigern aber keinen Nachteil gewährt.

§ 31.

Haupterfordernisse einer Konversion.

Labeyrie stellt in seinem bereits zitierten Werke in einem einleitenden Kapitel zu den Konversionsarten sechs Prinzipien auf, denen eine Konversion gerecht werden muss [2]). Wir haben seinen Sätzen im folgenden nur noch Weniges hinzuzufügen. Er sagt:

I. Das Anerbieten der Rückzahlung muss ernsthaft und aufrichtig sein.

II. Die der Konversion zu unterziehende Rente muss in ihrem Kurse das Pari überschritten haben, ein Erfordernis, das wir bereits besprochen.

III. Der Wert der neuen Staatspapiere muss dem Werte al pari der alten gleichkommen.

IV. Der Staat muss mit der Alternative der Rückzahlung seinen Gläubigern die Erfolgung eines neuen Titre in Aussicht stellen, das den Rentenbesitzern einen aktuellen und unmittelbar realisierbaren Vorteil

---

[1]) Ströbl, l. c.
[2]) Körner, l. c., S. 29.

gewährt. Und dies ist ja ganz natürlich: denn ohne einen Nutzen dürften sich die Gläubiger kaum zu einer Konversion verstehen. Und es ist von grosser Wichtigkeit, dass der Staat weiss, bis zu welchem Grade er in diesen seinen Versprechungen gehen darf; dieselben werden sich nach den Vorteilen bemessen, welche der Staat aus der in Frage kommenden Konversion ziehen kann.

V. Die Propositionen des Staates an seine Gläubiger müssen einfach, klar und präcise sein.

VI. Eine Konversion muss obligatorisch und allgemein sein und sich auf alle Titres beziehen, welche zusammen eine Schuldgattung bilden.

Zu I sei noch bemerkt, dass dieses Erfordernis darum ganz besonders berechtigt ist, weil dadurch, dass eine Reduktion bestimmt in Aussicht gestellt wird, das Steigen des Kurses hoch über Pari verhindert wird, zumal die Erfahrung schon gelehrt, dass die Gläubiger sich um so heftiger der Reduktion widersetzen, je mehr der Parikurs überschritten wird. Ganz richtig hebt Roscher[1]) hervor, dass die Sache am besten gelingt, wenn es wenig ausländische Gläubiger gibt, wenn die meisten Gläubiger in der Hauptstadt wohnen, wenn andere Staaten zugleich reduzieren, wenn der Diskontsatz niedrig, der Wechselkurs günstig steht. Ferner verlangt Roscher noch eine kurze Ueberlegungsfrist für den Gläubiger; so gewährte Preussen 1885 nur einen Monat, Frankreich 1883 nur 10 Tage[2]). Das Haupterfordernis einer Konversion ist aber, dass das auf diese Weise ersparte Kapital zu einer möglichst schnellen Tilgung der Schulden selbst verwendet wird. So machten es die Holländer in ihrer Blütezeit, ebenso Walpole, während im Kirchenstaate meist neue monti auf die Zinsersparnis gegründet wurden[3]). Denn mit der Staatsschuldentilgung allein erfüllt die Konversion erst ihren eigentlichen Zweck; lässt sie denselben ausser Acht, so sinkt

---

[1]) Roscher, Bd. IV, S. 642.
[2]) Roscher, l. c., S. 641 mit Anm. 7.
[3]) eodem, S. 642 mit Anm. 15.

sie zu einer höchst ungerechten, räuberischen Plünderung der Staatsgläubiger herab, die in ihren Folgen den Staat auf das empfindlichste in seinem Kredit und damit zuletzt in seinem Bestande schädigen muss.

§ 32.
Hauptarten der Zinsreduktion.

Alois Körner stellt in seiner Abhandlung drei Hauptarten der Zinsreduktion auf. Er unterscheidet:

I. Die Konversion mit Erhöhung des Schuldkapitals [1]) oder die Konversion unter pari, welche darin besteht, dass hier statt des alten Rententitels ein neuer mit einem höheren Nominalbetrag, aber einem niederen Zinsfuss ausgefertigt wird. Dieses System entstand in England und kam im zweiten Dezennium des 19. Jahrhunderts nach Frankreich. Man hat zu Gunsten dieses Systems hervorgehoben, dass es mehr als ein anderes den Vorzug verdiene, indem man darauf hinwies, dass das Anwachsen des Schuldkapitals dem Staate minder lästig sei als die momentane Belastung durch die Zinsen, dass die regelmäßige jährliche Zinsersparnis ein bedeutender Vorteil sei gegenüber der ungewissen Mehrbelastung des Staates im Falle der Rückzahlung, und stützt dieses Argument auf die Wahrscheinlichkeitsberechnung von Laplace. Allein dem gegenüber sei bemerkt, was schon Masson bei Beratung des Villeleschen Konversionsprojektes hervorgehoben, dass dieses ganze Versprechen des Staates, einen höheren Schuldbetrag zu verzinsen, weiter nichts bedeutet als einen seinerseits für eine lange Zeit erklärten Verzicht, seinen Gläubigern die Schuldkapitalien zurückzuzahlen, denn der Staat wird in unabsehbarer Zeit die Rückzahlung des erhöhten Schuldkapitals weder bewerkstelligen können noch wollen; ebensowenig wird er gemäß des seinen Gläubigern gegebenen Versprechens bei einer neuerlichen Zinsfussminderung und Conversion zur Rückzahlung schreiten können. Wenn Körner meint, dass die Staatsgläubiger sich durch den Verkauf der neuen Schuldtitel und

---

[1]) Körner, S. 33.

durch den hiebei erzielten Kursgewinn für die Renten-
minderung wenigstens teilweise schadlos halten könnten, so
fragt es sich, ob sich wohl genug Käufer bei den oben
angedeuteten Mängeln finden würden, zumal dieses System
für den Finanzmann zwar leicht begreiflich ist, für den Laien
dagegen an Deutlichkeit, Einfachheit und Allgemeinverständ-
lichkeit sehr viel zu wünschen übrig lässt. Daher haben
sich mit Recht gegen dieses System gewichtige Stimmen, wie
Robert Hamilton, Dr. Price, Steward, Grimaldi, Labeyrie,
erhoben, denn der Rentenbesitzer dieser Art befindet sich
in einer keineswegs gut zu nennenden Position.

Wir schreiten daher:

II. Zur Besprechung des Lambertschen Konversionsprojektes, das sein Erfinder August Lambert in seiner eingangs
des vierten Kapitels zitierten Schrift zum ersten male aufgestellt hat[1]). Es besteht in der Herabsetzung des Kapital-
betrages der Staatsschuld und der höheren Verzinsung als
dem laufenden Zinsfusse. Diese Konversionsart geniesst
bedeutende Vorzüge vor der erstgenannten; Wagner empfiehlt
sie sehr, da sie grosse Chancen für die Zukunft gewähre,
das Budget durch die Reduktion des Zinserfordernisses wirksam
erleichtern zu können. Auch Körner hält sie mit einigen
Modifikationen, die von den Männern der Praxis zu bestimmen,
für unbedingt zulässig, allein trotz alledem ist sie nicht
allgemein genug, um einer dritten Art den Rang ablaufen zu
können, gegen die sich wohl gar keine Einwände ins Feld
führen lassen, sie müssten denn gegen die Konversion überhaupt gerichtet sein.

III. Dies ist die Konversion al pari mit gleichbleibendem
Schuldkapital[2]). Sie besteht darin, dass der Rententitel
der neuen Schuld auf den gleichen Nominalbetrag lautet, nur
mit Herabsetzung des Zinsfusses auf den gegenwärtig am
Kapitalmarkte üblichen Zinsfusse. Diese Konversionsart erfüllt
sämtliche Bedingungen, die Voraussetzungen einer Zins-

---

[1]) Körner, S. 38.
[2]) Körner, S. 31.

reduktion sein müssen; sie bedeutet eine beträchtliche Ersparnis
wie eine grosse Entlastung der Steuerträger und ist eine
Finanzoperation von der grössten Einfachheit. Klarheit und
Verständlichkeit und darum die in der Praxis gebräuchlichste
Art der Zinsreduktion. Die erste Reduktion in diesem Sinne
fand in England unter Pelham im Jahre 1749 statt. Unter
diese Konversionsart fallen auch die in dem von Nebenius 1837
veröffentlichten Werke angeführte Reduktion der Zinsen der
öffentlichen Schuld auf den laufenden Zinsfuss ohne Kapitalserhöhung sowie die Reduktion der Zinsen unter den laufenden
Zinsfuss ohne Kapitalserhöhung.

Die Durchführung der Konversion geschieht entweder
in eigener Regie oder ähnlich wie bei der Aufnahme von
Anleihen mit Zuhilfenahme von Unternehmern, Bankiers, je
nachdem eben der Staat grosse und disponible Mittel hat.
Denn in letzterem Falle wird der Staat die ganze Konversion
auf eigene Faust durchführen.

Diese theoretischen Vorzüge der Konversion haben sich
in der Praxis vollkommen bestätigt, und darum ist sie in dem
Staatsleben der modernen Völker zu einer Maßnahme heran-
gereift, von der man immer und immer wieder Gebrauch
macht. Denn mit einem Aufheben der Konversion zur Schonung
der kapitalistischen Interessen beginge man ein schweres
Unrecht gegen die Steuerpflichtigen, indem man sie zwingt
etwas zu zahlen, was sie überhaupt nicht zahlen oder nicht
mehr zahlen müssen. Und eine Konversion wird, um mit
Leroy-Beaulieu zu reden, um so gemächlicher vor sich gehen, je
länger die Regierung die Kapitalisten in Illusion halten kann,
und eine je längere Zeit verstrichen ist zwischen dem Momente,
wo sie die Operation vornimmt, und dem Momente, wo sie
nötig war; nur darf auch in anderen Ländern die Gelegenheit
zur Kapitalanlage nicht günstiger sein, sonst würde das
Kapital über die Grenze wandern.

5. Kapitel.

Zweckmässigkeit von Staatsschulden überhaupt.

§ 33.

Vorbemerkung.

Wenn wir die Erörterung über die Zweckmäßigkeit von Staatsschulden an den Schluss unserer Ausführungen über dieses gegebene Thema stellen, so hat dies darin seinen Grund, dass wir von der Ansicht ausgingen, eine fruchtbare Behandlung der aufgeworfenen Frage sei nur dann möglich, wenn man bereits einen genauen Einblick in das gesamte Staatsschuldenwesen, seine Anleihe- und seine Tilgungsmethoden gethan. Die Frage nach der Zweckmäßigkeit von Staatsschulden zerfällt eigentlich in zwei Unterfragen; die eine lautet: Sind überhaupt Staatsschulden dem Prinzipe nach nötig, oder lassen sich die Staatsausgaben, denen die Anleihen dienen sollen, auch durch andere Mittel wie durch Steuern decken? Die zweite Frage können wir dahin formulieren: Wenn nun die Staatsschulden eine Berechtigung neben den Steuern haben, wie verteilt sich dann die Verwendung der beiden Einnahmequellen?

§ 34.

Zweckmäßigkeit der Kontrahierung von Staatsschulden neben den Steuern.

Wagner lehnt sich sowohl in seiner Finanzwissenschaft wie in seinem Aufsatze über Staatsschulden in Bluntschlis Staatswörterbuch Bd. X gegen die ältere Theorie in der Finanzwissenschaft auf, da sie die nach seiner Meinung unnütze Frage nach den für die Benützung des Staatskredites sprechenden Gründe vergebens erörtert und nie zu einem klaren Resultate gelangt sei, sondern nur immer in der Staatsschuld, an der sie hängen geblieben, ein notwendiges Uebel gefunden habe. Allein diese Frage nach den Vorteilen und Nachteilen einer Staatsschuld gewinnt einen ganz andern Sinn, wenn wir die Staatsschuld auf den Zweck hin prüfen, dem sie dienen soll. Beide Fragen nach der Berechtigung und nach dem Zwecke der Staatsschuld können nur in Beziehung zu einander beantwortet werden.

Man hat vor allem die Rechtsfrage des Bestehens der Staatsschulden dahin zu beantworten versucht, dass man sagte, das gegenwärtige Geschlecht habe kein Recht, die zukünftige Generation zu belasten. Dem gegenüber ist darauf hinzuweisen, dass es den künftigen Geschlechtern ganz gleichgiltig sein kann, auf welchem Wege ihnen das Kapital, das in Staatsschulden steckt, entzogen wird, ob durch ein Staats- oder ein Privatanlehen oder durch Verwendung von Kapitalvermögen zur Einbezahlung einer Steuer[1]). Und die so entzogenen Kapitalien werden ja nicht nutzlos verschwendet, sondern für das Wohl des Staates und damit auch seiner Unterthanen aufgeopfert; die Volkswirtschaft ist es immer, der die Blüte eines Staates zu gute kommt. Wenn nun der Erbe einen Anspruch darauf erhebt, alle die Fortschritte der Kultur, welche die vorausgehende Generation erzielt, mit all ihren segensreichen Wirkungen als die Erbschaft seiner Vorfahren antreten zu wollen, dann muss er doch unbedingt auch alle die Nachteile übernehmen, mit welchen seine Väter und Grossväter die Kulturerrungenschaften erkauften, ebenso wie im Zivilrechte niemand eine Erbschaft teilweise oder unter einer Bedingung antreten kann. Weiterhin sind es doch eigentlich die Steuerpflichtigen, welchen ein Staatsanlehen zu gute kommt[2]). Denn sie befinden sich klarer Weise nunmehr im Besitze des Kapitals, welches sonst sie und vielleicht nur sie als Steuer zur Deckung der Staatsausgaben an die Regierung hätten abgeben müssen. Die Kapitalisten dagegen erhalten nur die Zinsen des dargeliehenen Kapitales. Der Nutzen aber, den das dargeliehene Kapital gewährt, erstreckt sich, wie schon erwähnt, auf die gesammte Volkswirtschaft. Wenn denselben zuerst auch nur kleinere Kreise zu spüren bekommen, so werden diese Kreise allmählich immer grösser, bis zuletzt das, was früher nur der Hochgeborene geniessen konnte,

---

[1]) Nebenius, l. c., S. 663.
[2]) Dietzel, l. c., S. 205.

Gemeingut aller geworden ist. Auf diesem Grundsatze beruht das Gesetz von dem Entwicklungsgange der ganzen Menschheit. Und Dietzel trifft den Nagel auf den Kopf, wenn er in seinem bereits zitierten Werke nach einer begeisterten Darlegung aller dieser Vorgänge sich dahin äussert, dass die Behauptung, Staatsanleihen beförderten die soziale Ungleichheit, auf einer einseitigen oder von Parteileidenschaft eingegebenen Ansicht und auf vollständiger Verkennung des notwendigen wirtschaftlichen Entwicklungsganges beruhe [1]).

Hebung des Staatskredites bedeutet zugleich eine Hebung des Volkslebens, eine Vermehrung und gesündere Verteilung des Nationalreichtums, den Anlass zur Organisation einer besseren Verfassung und Verwaltung des Staates, — denn die Verwaltung einer Staatsschuld erfordert einen genau funktionierenden Apparat —, sie bedeutet die wahre Volksbildung und Förderung der vaterländischen Liebe; der Gläubiger einer Regierung wird alle Gefahren zu beseitigen trachten, welche die Ruhe stören und den Kurs beeinträchtigen könnten. Darum nennt Schäffle mit Recht das Anleihesystem eines der zwingendsten Antriebe zu einer tüchtigen Entwicklung des Staatslebens [2]).

Diese Thatsachen lassen auch alle Einwände in der Luft hängen, die z. B. Nebenius gegen Anlehen und Staatsschulden vorbringt. Wir brauchen nach unseren Ausführungen wohl kein Wort mehr über den Vorwurf zu verlieren, als wenn Staatsanlehen die durch Fleiss und Sparsamkeit gesammelten Kapitalien vernichteten [3]), die Ungleichheit und das schnelle Wachsen des Reichtums und des Luxus beförderten, denn alle diese angeblichen Nachteile verwandeln sich, wie wir schon gezeigt, in Segen für die ganze Menschheit; wenn er aber weiter gegen die Kapitalisten zu Felde geht, deren Dienste der Produktion entzogen würden, und deren Dienstleistungen nur der Luxus in Anspruch nehme [4]), so möchten wir

---

[1]) Dietzel, l. c., S. 205.
[2]) Roscher, System etc., Bd. IV, 1894, S. 577.
[3]) Nebenius, l. c., S. 669.
[4]) eodem, S. 677.

fast sagen: Ja, das ist ja gerade ihre Aufgabe, die Bedürfnisse und Genüsse des Lebens zu verfeinern, damit ihrer, und sei es erst nach langer Zeit, auch die unteren Klassen teilhaftig werden.

Auch die Mücke hat einen Zweck, und sei es nur der, dass sie die Luft reinigt. Wenn die Genusssucht „der unproduktiven Verzehrer" eine Vermehrung der Produktion erheischt, so ist dies doch auf keinen Fall ein Nachteil, oder soll sich etwa die Produktion in einem dolce far niente wiegen? Dass die Staatsschulden eine Ausartung des Papierhandels und der Agiotage nach sich ziehen müssen, liegt keineswegs in ihrem Wesen, und wir haben bereits gezeigt, in welchen Bahnen sich der Verkehr mit Papiergeld bewegen muss.

Dass die Fortschritte der Produktion und des Reichtums die Erfolge von Sparsamkeit, wachsender Arbeitsamkeit und fortschreitender Kultur und nicht etwa die Folgen der Kontrahierung von Staatsschulden sind, hat noch niemand bestritten. Oder meint Nebenius etwa, dass nach Beseitigung des Anleihe- und Staatsschulden-Systems solche Fortschritte nicht mehr die gleichen menschlichen Eigenschaften voraussetzen würden, vielleicht von selbst zu Tage treten würden? Gegen Veränderung des Wertes der Zirkulationsmittel wie des durch die Staatsschulden vermehrten, so vielen Schwankungen unterworfenen Eigentums hilft am besten eine gediegene und vernünftige Staatswirtschaft; auch ohne Staatsschulden bleibt der Wert eines jeden Dinges etwas stets Veränderliches. Seine ganze Theorie von der Beförderung der wachsenden Ungleichheit in der Verteilung der Glücksgüter stösst Nebenius eigentlich selbst wieder um, wenn er von der Ausgleichung des Ueberflusses an Kapitalien zwischen verschiedenen Plätzen und Individuen eines Landes spricht als einem Vorteil einer bestehenden Staatsschuld. Denn Ersparnisse und freigewordene Kapitalien werden gewöhnlich in öffentlichen Fonds niedergelegt, und auf der Börse begegnen sich dann die Käufer, welche ihre ersparten Kapitalien anbieten, mit den Verkäufern, welche ihre in den öffentlichen Fonds niedergelegten Kapitalien auf den Handel zu übertragen wünschen.

Staatsanlehen, sie mögen noch so gross sein, werden nie
einen so plötzlichen und schweren Druck ausüben wie Steuern,
die in einem kurzen Zeitraume in bedeutenden Beträgen
eingefordert werden[1]). Dies hat schon in erster Linie darin
seinen Grund, dass mit Anlehen nur die zahlungsfähigsten
Klassen eines Volkes belästigt werden können, während die
Steuern auf allen lasten. Besonders nach einem Kriege geben
Anlehen ein sehr wirksames Mittel an die Hand, die Wunden,
welche der Krieg dem nationalen Wohlstande geschlagen, in
viel radikalerer Weise zu heilen, als dies jemals Steuern zu
thun im Stande wären. Die grösste Bedeutung gewinnen
aber die Staatsschulden durch die völkervereinigende Macht,
welche ihnen innewohnt[2]). und die sie als einen der
gewichtigsten Faktoren, in der Entwicklung der ganzen
Menschheit und Volkswirtschaft erscheinen lassen. Sie knüpfen
die Interessen der Bewohner und Regierungen der einzelnen
Länder aneinander und wirken so unvermerkt der nationalen
Feindschaft entgegen: sie ermöglichen bei dem grossen
Austausch der Produkte eine leichtere Uebertragbarkeit von
Kapitalien von einem reichen Lande auf ein ärmeres, so dass
ein Land, welches auf einer noch niedrigeren Kulturstufe
steht, aber im Steigen begriffen ist. durch fremdes Kapital
die Mittel zu einem vielleicht gedeihlichen Aufschwung erhält.
Wer endlich in den Fonds der verschiedenen Staaten ein
bedeutendes Vermögen liegen hat, besitzt eine Unabhängigkeit,
die vollkommener nicht gewünscht werden kann[3]). Er ist
vor allem gegen den Verlust seines ganzen Vermögens
geschützt, da das Unglück nie zu gleicher Zeit von allen
Seiten über ihn hereinbrechen kann. Wenn man, wie
Wagner in dem bereits angeführten Artikel in Bluntschlis
Staatswörterbuch ausführt, sich die Frage vorlegt, „ob es
besser sei, eine Schuld zu kontrahieren, statt die Steuer zu
erhöhen, das einmal aufgenommene Schuldkapital in die
Gesamtheit zu stecken, die Bevölkerung dafür in den Steuern

---

[1]) Nebenius, l. c., S. 661 u. 662.
[2]) eodem, S. 666.
[3]) eodem, S. 667.

die Zinsen zahlen und ihr das eigene Produktivkapital in den Händen zu lassen, oder aber das werbende Kapital statt der Schuldaufnahme zum Zwecke der Heimzahlung der Schuld den Steuerzahlern zu entziehen", so wird man mit Wagner das erstere Verfahren vorziehen, denn es ist das wirtschaftlichere. Nicht an den Staatsschulden geht ein Staat zu grunde, sondern an den Umständen, welche ein Uebermaß derselben nötig machten und meistens von den Lenkern des Staates selbst in leichtsinnigster Weise heraufbeschworen wurden. Diese Thatsachen beweisen auf das schlagendste die Verhältnisse 1793 in Grossbritannien, nach 1848 in Oesterreich, nach 1859 in Italien, und nach 1861 in Nordamerika [1]). Staatsschulden und Steuern sind nur zwei Worte für eine wirtschaftliche Thätigkeit: Herbeiziehung von Kapital aus den Einzelwirtschaften in die Gesamtwirtschaft. Was die beiden unterscheidet, ist nur ihr Zweck, die Art ihrer Verwendung. Dies hat auch die neuere Theorie anerkannt, Say, Hermann, Dietzel, Stein, Umpfenbach, Schäffle, am schärfsten aber Wagner präzisiert. Und damit sind wir bei der Beantwortung der zweiten der Unterfragen angekommen, in welche wir unsere Hauptfrage nach der Zweckmäßigkeit von Staatsschulden überhaupt zerlegt haben.

§ 35.

Verwendung der Staatsschulden im Gegensatze zu den Steuern.

Einen Anhaltspunkt zur Beantwortung dieser zweiten Unterfrage liefert uns das Maß und die Zahl der Bedürfnisse, welchen die einzelnen Ausgaben dienen sollen. Ordentliche Einnahmen sowie ausserordentliche, welche aber regelmäßig wiederkehren, werden stets durch Mittel zu decken sein, deren Eingang regelmäßig und gewiss ist, und das sind die Steuern; ausserordentliche Bedürfnisse dagegen erfordern die Benützung des Staatskredites, denn wollte man Staatsschulden zu den alljährlichen Ausgaben verwenden, so würde man

---

[1]) Bluntschli, Staatswörterbuch, Bd. X. S. 53.

damit den Staatsbankerott offen erklären. Diesen Erfordernissen tragen die Budgets sämtlicher modernen Staaten Rechnung, soferne sie eine gesunde Finanzwirtschaft besitzen. So bilden Steuern und Staatsschulden ein in sich abgeschlossenes harmonisches Ganze; keine von den beiden Auflagemethoden würde allein gedeihlich für den Staat wirken können; aber vereinigt sind sie imstande, zu einer gerechten und für Staat wie Volk segensreichen Verwaltung zu führen.

Dritter Abschnitt.

Der Staatsbankerott und die gegen ihn zu ergreifenden Massregeln.

I. Kapitel.
Wesen und Folgen des Staatsbankerottes.

§ 36.
Wesen des Staatsbankerottes.

Wir haben im vorhergehenden zweiten Abschnitt ein Bild oder, besser gesagt, eine Skizze von einem wohlgeordneten Staatsschuldenwesen gezeichnet, und man sollte meinen, dass, wenn ein Staat in der angedeuteten Weise seine Schulden kontrahiert und tilgt, man niemals von einem Staatsbankerott hören müsste. Allein wohl in keinem Gebiete gehen Theorie und Praxis so weit auseinander wie in der Lehre von den Staatsschulden. Politik und die von der Wissenschaft als die allein richtige anerkannte Form einer Finanzwirtschaft sind Gegensätze, die sich in dem Kopfe eines Staatsmannes gar oft nicht vereinigen lassen. Der Diplomat meint gar manchmal, den sicheren Weg verlassen zu müssen, den ihm die Wissenschaft vorzeichnet, und die Eroberungslust und Herrschsucht eines ehrgeizigen Imperators setzt an die Stelle der Wohlfahrt des Volkes seine Interessen und Pläne. Und wenn dann noch unberufene Werkzeuge in seinen Händen sind, die weder nach der politischen noch nach der finanziellen Seite den Staat zu festigen imstande sind, so ist der Staatsbankerott die unausbleibliche Folge einer solchen Misswirtschaft; zuletzt muss die Regierung, sei es in offener oder versteckter Weise, unter Verletzung der Rechte ihrer Gläubiger, die Unmöglichkeit ihres Fortbestehens und der Einlösung ihrer finanziellen Verbindlich-

keiten eingestehen, und zwar kann dies in verschiedenen
Formen erfolgen.

Der Staatsbankerott kann ins Leben treten[1]):

1) durch völlige oder teilweise Lossagung von der Schuld,
   so dass die Staatsgläubiger, entweder Kapital oder
   Zinsen oder beides vollständig oder teilweise verlieren
   (totaler oder partieller Staatsbankerott),

2) durch Herabsetzung des Zinsfusses (Konversion) ohne
   Zustimmung der Gläubiger und ohne dass diesen die
   sofortige Rückzahlung des Kapitals angeboten wird,

3) durch Besteuerung des Zinskoupons,

4) durch Zahlung der Zinsen in einer verschlechterten
   Münze oder in einem schlechten Papiergelde, sowie

5) durch die Herabsetzung des Wertes des Staatspapiergeldes oder durch massenhafte Ausgabe unterwertiger
   Scheidemünze.

Den gröbsten Rechtsbruch involviert die sogenannte
Repudiation, welche dann vorliegt, wenn der Staat offen
erklärt, seine Schulden entweder ganz oder teilweise nicht
mehr verzinsen oder die Rückzahlung einstellen zu wollen.
In dieser Beziehung hat sich Griechenland in neuester Zeit
mit Ruhm bedeckt, indem es durch Gesetz vom 10. Dezember
1893 nicht nur einseitig die Zinsen seiner auswärtigen Schuld
um 70 % kürzte, sondern auch der mit speziellen Sicherheiten
ausgestatteten Monopolanleihe vom Jahre 1887 diese Sicherheiten wegnahm und vertragswidrig die Kassenbestände
der Monopolgesellschaft einzog[2]).

§ 37.

Folgen eines Staatsbankerottes für die Volks-
wirtschaft.

Die Folgen einer solchen Erklärung seitens einer
Regierung sind unermessliche. Sie bedeuten, um es kurz zu

---

[1]) Karl Pflug: Staatsbankerott und internationales Recht, München 1898.
Von der Bluntschli-Stiftung gekrönte Preisschrift, S. 8.

[2]) Pflug, l. c., S. 9.

sagen, den Ruin der Volkswirtschaft auf eine lange Zeit hinaus. Denn nicht sind es, wie man gewöhnlich meint, die Vornehmen und Reichen, welche den grössten Teil des allgemeinen Unglückes zu tragen haben; denn diese haben in genauer Kenntnis der politischen und finanziellen Lage des Staates sich ihrer Schuldscheine schon meistens entäussert und durch Vermittlung der Börse ihr Schäfchen ins Trockene gebracht; die Hauptbeteiligten sind die kleinen Rentner, die kleinen Geschäftsleute, welche sich von ihren sauer erarbeiteten Groschen Staatspapiere kauften, Witwen und Waisen, die nun mit einem Schlage zum Bettler werden können. In gleicher Weise werden die frommen Stiftungen betroffen, deren Vermögen meistens statutenmäßig in Staatspapieren angelegt ist, und die darum noch unrettbarer dem Bankerotte unterworfen sind. Handel und Wandel stocken, und die politischen Feinde des betreffenden Staates werden die Gelegenheit wahrnehmen, ihm durch eine vielleicht vom Zaune gerissene Kriegserklärung den Todesstoss zu versetzen.

Die schrecklichste Erscheinung eines Staatsbankerottes bietet der Bankerott infolge einer Papiergeldwirtschaft. Wir haben die dadurch hervorgerufenen Zustände bereits einer eingehenden Besprechung im § 8 dieser Darstellung gewürdigt und wollen mit einem Beispiele [1] darauf hinweisen, wie in solchen Verhältnissen über Nacht die grösste Armut an Stelle eines ansehnlichen Reichtums treten kann. Nehmen wir an, am Tage vor der Bankerotterklärung erfolgt ein Gutskauf, der Käufer besitzt nun das Gut, der Verkäufer das Aequivalent in Geld, und zwar in Papiergeld. Tags darauf wird der Bankerott erklärt, das Papiergeld sinkt zu einem wertlosen Stück Papier herab, und der Verkäufer ist zum Bettler geworden. Aber diese Schrecken würden ihre Wirkung verlieren, wenn sie die Ausgeburt theoretischer Forschungen wären, allein die Weltgeschichte hat sie mit ehernem Griffel in ihr Buch geschrieben.

---

[1] cf. Hock, l. c., S. 376.

§ 38.

Notwendigkeit strenger Maßregeln gegen den Staatsbankerott.

Die Geschichte des Staatsbankerottes[1]) zeigt wohl zur Genüge, dass der Staatsbankerott nicht etwa eine bloß theoretische Schlussfolgerung, sondern eines der grössten praktischen Uebel ist. Wenn der Staat sich dabei zu grunde richtet, nun, dann möge er es thun, und es wird keiner seiner Rivalen sich veranlasst sehen, seinem Untergange etwa entgegen zu arbeiten, aber mit dem Staat werden eben auch andere zu grunde gerichtet, das sind seine Gläubiger. Und das Recht verlangt für sie einen Schutz, und zwar streng gesicherte Maßregeln; diese Forderung ist um so dringender und berechtigter, als sich der Staat sonst bei allen Gelegenheiten als den obersten Schützer und Wahrer des Rechtes aufspielt; verweigert er eine Sicherung der Rechte seiner Gläubiger, so zeigt er sich damit als einen Gewaltherrn, der nicht auf rechtliche, sondern gewaltsame Weise seine Existenz behauptet, und entzieht sich dadurch den Rechtsgrund für sein Bestehen. Wenn er sich nicht scheut, Schulden zu kontrahieren, so braucht er auch kein Bedenken zu empfinden, einen Schuldschein auszustellen, der unter Garantien die Rechte seiner Gläubiger sicherzustellen sucht, und diese Garantien sind unentbehrlich, denn ein Schuldschein ohne dieselben oder ein Schuldschein einer unvermögenden oder unwilligen Regierung ist weiter nichts als ein wertloses Papier. Zudem befindet sich schon ohnedies ein Staatsgläubiger in einer minder guten Position wie ein Privatgläubiger. Eine Privatanleihe wird bestimmt durch die Aussicht auf Gewinn, eine öffentliche durch die Dringlichkeit. Dies deutet schon einigermaßen auf den Zweck, der oft nicht gerade sehr ermutigend ist. Entweder man borgt in Zeiten höchster Krisis, um mit dem gewonnenen Gelde seine Pläne, vielleicht sogar die Rettung gelingen zu machen, oder man nimmt in Friedenszeiten ein Anlehen auf

---

[1]) Darüber cf. Roscher, IV. Bd. § 133, Anm. 1, und Lehr, l. c., Bd. V, S. 832.

zur Erweiterung der staatlichen Macht und Grösse. Und ist hier etwa der Zweck immer ein fruchtbarer? Wie oft dient er nur der Befriedigung des Glanzes und der Macht. Abhängig vom Wechsel des Glückes, von der Weisheit des grünen Tisches, und von dem Gelingen seiner politischen Kombinationen dient er nur zu oft dem Gegenteil dessen, was eigentlich erreicht werden sollte, und führt den Staat an den Abgrund des Verderbens. Die Träger des eigentlichen Unglückes sind aber nicht die Grossen, sondern Diejenigen, welche ihr oft sauer erworbenes Geld zu seiner Grösse und seinem Glücke hergegeben. Darum können wir mit Fug ein rechtlich vollkommen geschütztes Interesse der Staatsgläubiger verlangen. Und zwar kann dieses Recht nur ein internationales sein, international im Hinblick auf seine Entstehung und auf die Möglichkeit seiner Abänderung. Diese letztere kann nur geschehen, entweder in der in den internationalen ursprünglichen Vereinbarungen angegebenen Weise oder kraft neuer internationaler Vereinbarungen. Denn über dem Staate gibt es keine irdische Macht mehr, welche im Stande wäre, denselben zur Erfüllung seiner Verbindlichkeiten zu zwingen; diese Aufgabe kann nur eine Gesamtheit von Mächten erfüllen.

Früher nahm man es ja mit den Mitteln gegen den Staatsbankerott nicht so genau. Man sah es von einem Standpunkte eines Fürsten aus betrachtet als eine keineswegs verwerfliche Maßregel an, wenn man die Münzen möglichst zu verschlechtern suchte und Inland wie Ausland nach Kräften betrog. Man betrachtete dies gewissermaßen als einen Ausfluss des Selbsterhaltungstriebes, den man eben mit den gerade vorhandenen Mitteln befriedigen müsse. Oder man erhöhte den Preis gewisser Münzsorten, um die Schuld an dem geringwertigeren Gelde leichter tilgen zu können; man gab an Stelle der fälligen Zinsen Schuldscheine unter pari aus. Man steifte sich auf die Autorität und Macht des Staates und begann, weltliche wie kirchliche Güter vorzuziehen. So wurden in Frankreich am Anfange der Revolution die Güter der Ausgewanderten und der Kirche für den Staat in Besitz

6

genommen, um zur Deckung des Papiergeldes verwendet
zu werden.

Allein diese Maßnahmen des Staates gegen den Bankerott
sind in unserem heutigen Rechtsstaate im Interesse seines
Kredites unmöglich und würden den Gläubigern eher schaden
als nützen. Unsere Gläubiger benötigen vielmehr eine
Anleiheform, die nur den Realkredit, nicht den Personalkredit
zur Grundlage hat.

2. Kapitel.
Bisherige Vorschläge zur Bekämpfung des Staatsbankerottes.

§ 39.

Es ist wohl selbstverständlich, dass auch die Theorie an
dieser Erscheinung des Staatsbankerottes nicht teilnahmlos
vorübergegangen ist, und es haben sich auch auf diesem Gebiete Leute gefunden, die für diese Mistel am Baume der Völker
eine wissenschaftliche Rechtfertigung herausgeklügelt haben.
So sagt z. B. v. Baar[1]), die Staaten hätten bezüglich der
von ihnen kontrahierten Schulden „gewissermaßen ein beneficium
competentiae in weitem Umfange", sie müssen sich zuerst
selbst erhalten, und in zweiter Linie komme erst die Bezahlung
der Schulden. Exekution und Jurisdiktion gebe es hier,
soweit und solange die Gesetzgebung (die hier souverän
schalte) sie zulasse, also gleichsam: völkerrechtlich eine Art
clausula rebus sic stantibus einseitig konstruiert zu Gunsten
des schuldenden Staates. Bei derartigen Theorien ist natürlich
auch nicht zu verwundern, wenn z. B.: Zachariä zu dem
Satze kommt: „Angenommen z. B., dass eine Regierung . . . .
sich eines Wortbruches gegen ihre auswärtigen Gläubiger
schuldig macht, völkerrechtswidrig handelt sie gleichwohl
nicht"[2]). Französische Juristen decken den Rechtsbruch, der

---

[1]) Meili, Der Staatsbankerott und die moderne Rechtswissenschaft,
Vortrag, gehalten in der internationalen Vereinigung für vergleichende
Rechtswissenschaft und Volkswissenschaftslehre zu Berlin, Berlin 1895,
S. 14., Anm. 4.

[2]) Meili, l. c., S. 15., Anm. 2.

im Staatsbankerott liegt, mit dem weiten Mantel der
Souveränität zu, aus der folgen soll, dass die Staaten nur
sich selber verantwortlich seien, deshalb stehe der Staat
nicht unter den Regeln des Privatrechtes, die einzelnen
Gläubiger hätten gegen ihn keine Klage und könnten sich in
die inneren Geschäfte nicht einmischen, ebensowenig die
Regierungen, denen die Gläubiger angehören[1]). „Wo eben die
Begriffe fehlen, da stellt ein Wort zur rechten Zeit sich ein."

Interessant ist die Theorie, welche sich im Mittelalter
gebildet hatte und nachher in Deutschland, Frankreich, Italien,
England, in den Niederlanden, in der Schweiz und in Amerika
festen Fuss fasste[2]). Man wollte eine Haftpflicht der einzelnen
Privatpersonen konstruieren. So wurde schon im alten
Griechenland bei dem Anlehen, welches im 2. Jahrh. die Stadt
Arkesine (auf Amorgos) bei Praxikles aufgenommen hatte,
den Gläubigen eine „Hypothek" auf sämtliche Staat- und
Privatgüter der Insassen von Arkesine eingeräumt[3]). Der
Vater des Völkerrechtes Hugo Grotius suchte dieser Auffassung
eine juristische Grundlage zu verschaffen, indem er darlegte,
der Genosse eines Staates gebe als ein Teil des ganzen zu
den Maßregeln der Gesamtheit gleichsam stillschweigend seine
Zustimmung und erscheine somit infolge derselben als eine
Art Bürge des Staates. Pflug[4]) weist ganz korrekt darauf
hin, bei dieser Argumentation sei übersehen, dass wie im
internen Zivilrechte so auch hier eine Bürgschaft nur auf Grund
einer ausdrücklichen Verpflichtung entstehen könne, und ferner
ist dieser Gedanke in der Neuzeit unausführbar. Im geraden
Gegensatze zu den Lehren von Baars, Zachariäs und des französischen Juristen steht der Abbé St. Pierre, der in seinem mémoire
pour rendre la paix perpétuelle en Europe eine universale
oder wenigstens eine europäische Acht gegen bankerottierende
Staaten verhängt wissen will[5]) — praktisch ein Unding.

---

1) Meili, l. c., S. 14 u. 15, Anm. 1.
2) Meili, l. c., S. 22 ff.
3) Meili, l. c., S. 20.
4) Pflug, l. c., S. 53.
5) Meili, l. c., S. 19.

Die Sicherung der Rechte von Staatsgläubigern muss
also auf anderen Wegen erfolgen als den oben besprochenen.

---

3. Kapitel.

Die zur Sicherung der Rechte von Staatsgläubigern zu ergreifenden Massregeln vor dem Staatsbankerott.

I. Garantien.

§ 40.

a. Bezüglich des ganzen Finanzwesens.

Eine Sicherung der Rechte von Staatsgläubigern setzt
vor allem ein geordnetes Finanzwesen voraus; dasselbe besteht
aber in einem wohlbestellten Budget, einer gesunden Steuer-
veranlagung und einer richtigen Anlehens- und Tilgungs-
methode. Die Vertretungsorgane der Gesamtrechte der
Gläubiger, — eine Einrichtung, die wir in einem späteren
Paragraphen noch genauer besprechen werden —· müssen
einen vollkommenen Einblick in das Budget thun können;
seine wesentlichen Eigenschaften müssen, wie wir schon
einmal erwähnt, Einfachheit, Klarheit und Aufrichtigkeit sein.
Sodann muss auch die Aufnahme neuer Anleihen an gewisse
Bedingungen geknüpft sein. Denn es liegt gewiss im Interesse
der Gläubiger, dass der schuldende Staat nicht leichtsinniger
Weise zu einem ihm gut dünkenden Zwecke weitere Schulden
kontrahiert, die das Finanzwesen erheblich belasten würden.
Zu dem Ende wird es zur Aufnahme von Anleihen stets eines
rechtfertigenden Grundes bedürfen; dies kann aber nur sein:
ein wahres unmittelbares Staatsbedürfnis des Staates, das
man auf eine andere Weise nicht befriedigen kann, ferner
die gesetzesmäßige Tilgung rechtmäßig aufgenommener
Schulden oder die Rettung des Staates, der Regierung oder
des Herrscherhauses aus grosser Gefahr oder Bedrängnis.
Eine solche Schuldenkontrahierung wird dann wiederum von
gewissen Förmlichkeiten abhängig zu machen sein. Es ist
natürlich, dass man sie an den Antrag des Finanzministers
im Rate der Vertretungsorgane der Gläubiger knüpft und

sie erst nach gewonnener Stimmenmehrheit sowie Zustimmung
des Justizministeriums hinsichtlich der Rechtsfrage zulässt.
Aehnliche Gedanken sind bereits enthalten in der pragmatischen
Sanktion Karl Friedrichs von Baden vom 18. November 1808,
wonach Staatsschulden künftig nur unter zwei Bedingungen
gemacht werden sollen: 1. einer rechtfertigenden Ursache,
wie z. B. ein wahres, unmittelbares Staatsbedürfnis, bleibende
Landesverbesserung, Tilgung rechtmäßiger Schulden, Rettung
des Staates, des Fürsten oder seines Nachfolgers aus grosser
Gefahr oder Beschädigung; 2. gewisser Förmlichkeiten,
nämlich Antrag des Finanzministeriums im Staatsrate, Zustimmung des Justizministeriums hinsichtlich der Rechtsfrage,
sodann Stimmenmehrheit. Sogar bezüglich der Höhe der
Anleihen können Bestimmungen getroffen werden. Noch jetzt
kann die badische Staatsschuldverwaltung gegen ungesetzlich
scheinende Befehle des Ministeriums protestieren und wird
gesetzlich geprüft[1]).

Einzelne Staaten in der Union z. B. können nur bis zu
einem fix beschränkten Betrage Schulden kontrahieren:

a) bis 50 000 Dollar (Maryland, Michigan, Oregon);

b) bis 100 000 Dollar (Alabama, Wisconsin, Nebraska);

c) bis 1 000 000 Dollar (New-York, Pennsylvanien, Kansas).

Colorado beschränkt die Schuldenfähigkeit auf einen
bestimmten Prozentsatz der steuerbaren Taxationskraft, andere
Staaten stellen Schranken für kasuelle Defizite auf, andere
Staaten dürfen keine Schulden für interne Verbesserungen
kontrahieren, nur wenige Staaten sind frei (z. B. New-
Hampshire, Vermont, Massachusetts, Connecticut und Delaware[2]).

Endlich müssen auch die Steuern des schuldenden Staates
der Genehmigung der Vertretungsorgane der Gläubiger unterworfen sein. Denn der Zweck wie die Erhebungsart der
Steuern können dem Wohle der Staatsgläubiger sehr
entgegengesetzt sein, indem dieselben in unnützer und der
gesamten Volkswirtschaft Schaden bringender Weise die

---

[1]) cf. Roscher, Bd. IV, § 136, Anm. 4.

[2]) Meili, l. c., S. 83.

Bevölkerung aussaugen und zur Befriedigung ganz unnötiger
Bedürfnisse verwendet werden können. Wenn nun einerseits
kein Finanzgesetz ohne die Zustimmung der kreditierenden
Staaten zustande kommen soll, so sind andererseits diese
verpflichtet, einen jeden Gesetzesvorschlag gewissenhaft zu
prüfen und ihn entweder unter Angabe von triftigen Gründen
zurückzuweisen oder ihn anzunehmen.

Das grösste Interesse werden aber die Gläubiger stets
an einer gesicherten Tilgung der Schulden haben, und in
dieser Beziehung kann die internationale Regelung der
ägyptischen Finanzen eine mustergiltige genannt werden [1]).

Nachdem Ismael Pascha im November 1875, um dem
Drängen der Gläubiger wenigstens einigermaßen nachzugeben,
die in seinem Besitze befindlichen 176602 Suezkanal-Aktien für
4 Millionen £ der englischen Regierung überlassen (dieselben repräsentieren gegenwärtig einen Wert von 19 Mill. £),
schuf er durch Dekret vom 2. Mai 1876 die Caisse de la
dette publique mit einer dreifachen Funktion:

I. die Gesamtrechte der Gläubiger gesetzlich zu vertreten,

II. den Staatsschuldendienst zu verwalten,

III. an der Finanzverwaltung teilzunehmen und sie zu
kontrollieren.

Zu ihrer Verwaltung wurden vier fachmännische Vertreter
berufen und von ihren Regierungen, England, Frankreich, Italien,
Oesterreich-Ungarn ernannt, die Commissaires directeures de
la dette publique. Sie walten nur kraft internationalen [2])
Abkommens ihres Amtes und können nur wiederum durch
internationale Vereinbarung desselben entsetzt werden.

Ganz anders ist die Stellung des internationalen Ver-
waltungsrates der türkischen Staatsschuld. Als nach dem
türkisch-russischen Kriege 1877/78 die Türkei zahlungsunfähig

---

[1]) Kaufmann, Das internationale Recht der ägyptischen Staatsschuld,
Berlin 1891; ausserdem J. Françonie, Le contrôle financier internationale
en Égypte 1876—1897. Annales de l'école libre des sciences politiques, 13
(1898) S. 750 f.

[2]) Art. 39 des zur Regelung der festen Schuld Aegyptens erlassenen
Liquidationsgesetzes vom 17. Juni 1880. cf. Kaufmann, l. c., S. 74—79.

geworden war, wurde durch ein Abkommen mit den auswärtigen
Gläubigern die Verzinsung der auswärtigen Schuld von 4 % auf
1 % herabgesetzt und zur Garantie ein internationaler Verwal-
tungsrat eingesetzt, dem ein englisches, französisches, deutsches,
österreichisches, italienisches und türkisches Mitglied angehören. Ihm wurde die Erhebung von sechs türkischen
Steuern überwiesen, deren Eingang er für den Dienst der
auswärtigen Schuld verteilen soll. Das ganze Institut beruht
aber auf einem türkischen, nicht internationalen Gesetze, dem
Mouharrem-Dekret von 1881, das die Türkei einseitig abändern
kann, wenn schon. sie damit den Vertrag mit den auswärtigen
Mächten brechen würde [1]). Man kann ja wohl nicht sagen,
dass durch die Möglichkeit der Gesetzesänderung der Vertrag
mit den Grossmächten illusorisch sei, viel eher umgekehrt;
aber bei einem mächtigeren Staate als die Türkei wäre eine
kraft internationalen Rechtes zu erfolgende Einsetzung der
Behörde de la dette publique gewiss im Sinne der Sicherheit
der Durchführung eines solchen Vertrages.

Neben jenem Tilgungsfonds (la caisse de la dette publique)
hat man gelegentlich der Aufnahme des Anlehens von 1888
in Aegypten nach einem Dekret vom 12. Juli einen Reservefonds in Aegypten geschaffen, der bestimmt ist zur Sicher-
stellung der Zinsen der Staatsschulden und im Falle, dass
die nicht verpfändeten und die Ueberschüsse der verpfändeten
Einkünfte zur Bestreitung des normalen Budgets nicht aus-
reichen sollten, auch zur Ergänzung der verpfändeten Einkünfte [1]). Dieser Reservefond wird gebildet aus der Hälfte der
Ueberschüsse der verpfändeten und nicht verpfändeten Einkünfte, welche laut Dekret vom 12. Juli 1880 abzuführen sind.
Ist der Reservefonds 2 Millionen £, so sind diese Ueberschüsse
wieder zur Schuldentilgung gemäß dem Dekrete von 1885
zu verwenden. Aus dem Stande des Reservefonds seit seiner
Schaffung ergibt sich klar und deutlich seine Berechtigung:
1888 : £ 571 901 ; 1889: 774 896 ; 1890: 1 276 000 :
September 1892 : 1 874 000 £. Zur Bestreitung der Ver-

---

[1]) Kaufmann, l. c. S. 108, 154, und Neumann : Das moderne Aegypten.
Leipzig 1893.

waltungsausgaben, welche über den veranschlagten Budget-
betrag hinausgehen, dient ein Spezialreservefonds, welcher
gebildet wird aus der Hälfte der der Regierung zur freien
Verfügung zugewiesenen Hälfte des Ueberschusses der
verpfändeten Einnahmen, dem Gewinne 'der neuen Münz-
prägung (115000 £), sowie aus den Coupons der zur speziellen
Reserve gehörigen Schuldtitel. Von 1887—1892 war dieser
Spezialreservefonds auf 1 296 311 £ angewachsen. Davon
wurden 672 497 £ für budgetäre Zwecke verwendet, wie
zur Bestreitung von Pensionen, und es verblieb eine Spezial-
reserve von 623 814 £.

Gegen diese Arten der Fundierung ist vom Standpunkte
der Gläubiger nichts einzuwenden; sie gewährt ihnen eine
gesicherte Tilgung und ist schon nach dem ganzen Modus
ihrer Anlage sehr empfehlenswert; denn sie ist auf Ueberschüsse gegründet und nicht etwa wie bei den früheren
Tilgungsmethoden auf einen Teil des geschuldeten Kapitals;
ihr Fortbestehen und Gedeihen ist daher garantiert und kann
nicht durch die Wechselfälle der Politik infolge ihrer soliden
Fundation erschüttert werden. Diese heilsamen Wirkungen
der soeben besprochenen Fonds könnte man noch verstärken
durch Zuhilfenahme des Tilgungsplanes von Schäffle[1]).

Schäffle, der nämlich den Tilgungsbedarf als den „seiner
ganzen Natur nach beweglichsten ausserordentlichen Bedarf"
bezeichnet, rät, verfassungsmäßig auszusprechen, dass nicht
bloß alle ausserordentlichen Verwaltungseinkünfte. sondern
auch gewisse Steuerzuschläge, die hauptsächlich die Reichen
treffen, wie Einkommens-, Vermögens- und Erbsteuern, so
lange die Staatsschuld eine gewisse Größe behält, nur zur
Schuldentilgung oder zur Deckung außerordentlicher Bedürfnisse
verwendet werden sollen. Hievon sollte nur eine qualifizierte
Majorität (zwei Drittel oder drei Viertel) der Vertretungskörper
auf Antrag der Regierung dispensieren können.

---

[1]) Schäffle: Zur Theorie der Deckung des Staatsbedarfes. Tübingen.
Zeitschr. 1884, S. 144, und Roscher, Bd. IV, S. 655.

Ausser der internationalen Commission de la dette publique
besteht in Aegypten auch eine internationale Verwaltung der
Eisenbahnen, des Telegraphen und des Hafens von Alexandrien [1]).
Denn die Höhe der verpfändeten Revenuen aus den Eisenbahnen, Telegraphen und dem Hafen von Alexandrien hängt
wesentlich von der Tüchtigkeit der Verwaltung jener Betriebszweige ab. Die Spezialverwaltung besteht aus einem englischen, einem französischen und einem ägyptischen Verwaltungsbeamten unter der Präsidentschaft des Engländers.
Die beiden ausländischen Verwaltungsbeamten ernennt nach
Art. 25 des Dekretes vom 18. November 1876 der Khedive
auf Vorschlag der betreffenden fremden Regierungen und
zwar auf fünf Jahre. Von dieser Spezialverwaltung werden
die höheren Beamten betreffender Betriebszweige vorgeschlagen,
die unteren direkt ernannt. Sie hat auch bezüglich jener
Beamten ein Suspensions- und Abberufungsrecht, ferner das
Recht, unter der Sanktion des Khedives die Tarife und die
bestehenden Reglements zu ändern, über den Ankauf von
Material Verträge abzuschliessen. Die revenus nets ihrer Verwaltung sind unmittelbar an die Caisse de la dette publique
abzuführen und derselben monatlich sowie halbjährlich Rechnung
zu überreichen.

Ein sehr lehrreiches Bild der Kontrolle eines Teiles
des ganzen Finanzwesens eines Staates bietet auch die
„Organisation der internationalen Kontrolle der griechischen
Staatsfinanzen"[2]). Die sechs Grossmächte, Deutschland,
Grossbritannien, Frankreich, Italien, Oesterreich und Russland,
haben nach dem unglücklichen Kriege Griechenlands mit der
Türkei im Jahre 1897 die Regelung der griechischen Finanzen
in die Hand genommen. Die Kontrollkommission wird
gebildet von sechs Vertretern der genannten Grossmächte
mit diplomatischem Charakter. Die Kontrolle der Kommission
erstreckt sich auf diejenigen Staatseinkünfte, welche einer
bestimmten Anzahl von Anleihen[3]) verpfändet sind. Der

---

[1]) Kaufmann, l. c., S. 148 ff.
[2]) Nachtrag zu den §§ 3 und 10 der Preisschrift „Staatsbankerott
und internationales Recht" von Karl Pflug, l. c., S. 93 – 101.
[3]) Pflug, l. c., S. 95.

ganze Betrag der neuen Anleihen gelangt in die Hände der Kommission, welche dann von dieser ihrer Bestimmung zugeführt werden. Die Verwaltungsauslagen der Kommission werden aus den verpfändeten Einkünften bestritten[1]). Alle sechs Monate findet seitens der Kommission eine Abrechnung gegenüber der griechischen Regierung statt und alljährlich die Erstattung eines öffentlichen Berichtes. Die Kommission hat ferner ein Inspektions- und Revisionsrecht bezüglich der einschlägigen Einziehungsstellen und Anstalten. Die Erhebung der verpfändeten Einkünfte und Steuern, sowie die Verwaltung der gegenwärtig bestehenden Staatsmonopole erfolgt durch eine griechische Gesellschaft mit dem Sitze in Athen, durch die „Société de Régie des Revenues affectées au service de la dette publique hellénique"[2]), welche vollständig unter der Kontrolle der internationalen Kommission steht. Die Gesellschaft muss allmonatlich dem Finanzministerium und der Kommission eine allgemeine Aufstellung ihrer Umsätze an Gegenständen und Barbeträgen während des abgelaufenen Monats überreichen[3]). Sie ist keineswegs berechtigt, die Kommission bei den ordentlichen Gerichten des Landes zu verklagen. Die eingezogenen Einnahmen müssen einmal in der Woche an die Kasse der Kontrollkommission abgeführt werden, damit etwa vorkommende Unregelmäßigkeiten gleich erkannt werden können. Ohne Einwilligung der Kommission darf bis zur Tilgung der bestehenden Schuld keine neue Valutaanleihe aufgenommen werden. Bei Differenzen zwischen Regierung und Kommission tritt ein Schiedsgericht in Thätigkeit.

Zu den Garantien, die das ganze Finanzwesen betreffen, gehört auch eine zweckmäßige Einrichtung des Börsenwesens. Auf diesem Gebiete kann der Staat unendlich Gutes bezüglich der Sicherheit und Kreditfähigkeit fremder Schuldpapiere leisten, wenn er dieselben an seiner Börse einer genauen Prüfung unterzieht. In dieser Richtung besitzt z. B. das

---

[1]) eodem, S. 96.
[2]) „ S. 97.
[3]) „ S. 98.

deutsche Börsengesetz vom 22. Juni 1896 recht wertvolle Ansätze [1]).

Vor allem besteht eine Haftpflicht der emittierenden Personen für den infolge unrichtiger oder unvollständiger Angaben im Emissionsprojekte erwachsenen Schaden [2]), cf. §§ 43 bis 47 des Börsengesetzes.

Kommen schlechte ausländische Papiere in den Börsenhandel, so hat der Bundesrat die Möglichkeit, dieselben vom deutschen Börsenhandel fern zu halten, indem er das Recht besitzt, für bestimmte Geschäftszweige die Benutzung der Börseneinrichtungen zu untersagen oder von Bedingungen abhängig zu machen. Ferner können im Rahmen des Reichsgesetzes und der bezüglichen Bundesratsvorschriften die einzelnen Bundesregierungen die Aufnahme bestimmter Vorschriften in die Börsenordnungen bewirken, ja sogar den Erlass der Börsenordnung überhaupt an sich ziehen [3]). Endlich können die an der Börse befindlichen Zulassungsstellen Emissionen nicht zulassen, durch welche erhebliche allgemeine Interessen geschädigt werden, oder welche offenbar zu einer Uebervorteilung des Publikums führen; nur die Zulassung deutscher Reichs- und Staatsanleihen darf nicht versagt werden. Sogar zum Börsenhandel bereits zugelassene Wertpapiere können von demselben wieder ausgeschlossen werden [4]). § 36 des deutschen Börsengesetzes.

§ 41.

b. Garantien durch Zuhilfenahme einzelner Staatseinkünfte.

Ausser den Garantien, welche das gesamte Finanzwesen den Gläubigern durch seine sich streng innerhalb der Grenzen des internationalen Rechtes bewegenden Verwaltung bietet, können den Gläubigern Pfandobjekte im engsten Sinne des Wortes gegeben werden.

---

[1]) cf. dazu Walter Lotz: Die Technik des deutschen Emissionsgeschäftes, Leipzig 1890. — Apt: Das Börsengesetz, Berlin 1896.
[2]) Pflug, Preisschrift, S. 34
[3]) Pflug, l. c., S. 35.
[4]) eodem.

Schon in früheren Zeiten waren die Anleihen auf Domänen-
güter oder Einkünfte aus gewissen Steuern sicher gestellt,
entweder als Generalhypotheken, die natürlich den Gläubigern
bald grössere bald geringere Sicherheit boten, oder als
Spezialhypotheken, indem ein bestimmtes Landgut, ein
bestimmtes einzelnes Gefälle, auch einzelne bewegliche Güter
des Staates, verpfändet wurden [1]). So wurden auf Kupfer-
und Quecksilbervorräte von Oesterreich, von Amsterdam und
Genua noch am Ende des vorigen Jahrhunderts mehrmals
Anleihen aufgenommen, ebenso Anleihen auf Baumwolle
seitens der südstaatlichen Konföderation in Amerika [2]). Dann
kam die Verpfändung von Pfandbriefen auf Staatsdomänen,
wie sie in Oesterreich und Italien vor sich ging. Hieher
gehört auch die Grundentlastungsschuld, für welche gewisse
Steuereinnahmen oder Grundabgaben haften. mögen die Anleihen zur Staatsschuld gehören, wie in Bayern, oder als
besondere Provinzialschulden, wie in Oesterreich, kontrahiert
sein [3]). Noch der Vertrag vom 18. Oktober 1855 überlässt
der österreichischen Nationalbank Staatsdomänen zur Verwaltung und Bezahlung aus dem Veräusserungserlöse [4]).
Heutzutage verpfändet man noch die Reinerträgnisse von
Steuern, Zöllen, Staatseisenbahnen und Telegraphen. Bei der
Regelung der griechischen Finanzen in neuester Zeit wurden
verpfändet zunächst die Monopole auf Salz, Petroleum, Zünd-
hölzer, Spielkarten. Cigarettenpapier und Naxosschmirgel,
ferner die Tabaksteuer, die Stempelsteuer und die Piräuszölle.
Eventuell können auch noch die Zolleinnahmen von Patras,
Volo, Korfu und Laurium hinzugezogen werden, nämlich für
den Fall, dass während zweier aufeinanderfolgenden Semester
die Beträge, welche der internationalen Kommission auf den
Gesamtertrag der übrigen verpfändeten Einkünfte effektiv
gezahlt sein werden, nicht 85 % der für jene Einkünfte auf-
gestellten Schätzungen erreichen [1]). Selbstverständlich ist,

---

[1]) Bluntschli, Staatswörterbuch, Bd. X, S. 33.
[2]) eodem, S. 34.
[3]) eodem, S. 34.
[4]) eodem, S. 35, oben.

dass von den hier in Betracht kommenden Verträgen abgehen sowohl die regelmäßigen Verwaltungskosten wie aussergewöhnliche Ausgaben, welche dazu bestimmt sind, die betreffenden Einrichtungen intensiver zu gestalten. Das französische Gesetz von 1817 separierte für die Verzinsung und Tilgung der Staatsschuld die Reinerträgnisse des Stempels und Enregistrements, der Domänen, Posten und Lotterie als Spezialkasse bis zum Betrage von 40 Millionen [2]). Oesterreich hat 1703 und 1813 in Zeiten grosser Kriegsgefahr sogar Staatskleinodien verpfändet, um ein geringes Darlehen zu erhalten [3]).

Wenn wir nun einerseits solche Verpfändungen zulassen wollen, so müssen wir auch andererseits die Mittel und Wege angeben, wie die Verwaltung dieser Pfandobjekte ausgeübt werden soll zur Sicherung der Rechte der Staatsgläubiger gegen dolose oder kulpose Beschädigung oder Vernachlässigung der Garantiestücke. Dies geschieht am besten in der Weise, wenn die verpfändeten Einnahmen unmittelbar an die Tilgungskasse abgeliefert werden und monatlich, viertel- oder halbjährig behufs Kontrolle eine Revision der Rechnungsauszüge und Einsichtnahme der Verwaltungsbücher vorgenommen wird, und zwar von den Vertretern der Gesamtrechte der Gläubiger; die betreffenden Beamten der Kassa können natürlich nur durch Kassaquittung sich ausweisen. Hat einer der Verwaltungsbeamten sich ein Vergehen gegen die Rechte der Staatsgläubiger zu schulden kommen lassen, so soll er in erster Linie für den daraus erwachsenen Schaden haftbar gemacht werden, subsidiär seine Regierung. Reichen die verpfändeten Einkünfte zur Schuldentilgung nicht aus, so haftet natürlich für den Fehlbetrag das ganze übrige Vermögen des schuldenden Staates. Man hat gegen diese Verpfändungsmethode schon oft eingewendet, dass sie den modernen Staat auf frühere Kulturstufen herabdrücke. Roscher hielt sie sogar für unwirksam, indem er sagt: ein Staat, der

---

[1]) Pflug, Anhang, S. 99, Anm. 1.
[2]) Roscher, System etc., Bd. IV, S. 630, Anm. 4.
[3]) Roscher, eodem, S. 629, Anm. 1.

seine Gläubiger betrügen wolle, finde sicherlich Mittel, seine
Gerichte von der Subhastierung der etwa verpfändeten
Domänen abzuhalten [1]), und verweist dabei auf die preussische
5%ige Anleihe von 1818 mit 5 Millionen (?) £, für welche
Domänen in diesem Wertbetrage verpfändet wurden und der
Staat nur 71,8 % des Nominalwertes seiner Schuldscheine
empfing. Gewiss, seine Gerichte wird ein Staat von der
Subhastation abhalten können, aber nimmermehr einen internationalen Gerichtshof, der mit den Garantien versehen ist,
wie wir sie noch schildern werden, und hinter dem eventuell
die Macht der Bajonette steht. Und wenn ein Staat durch
solche Beschränkungen in seiner Entwicklung zurückgesetzt
wird, so ist dies weiter nichts als eine gerechte Strafe für
seine schlechte Finanzwirtschaft, „die ihn", um mit Wagner zu
reden", auf eine Stufe herabdrückt, welche besser situierte
Staaten längst verlassen haben." Volenti non fit injuria!

§ 42.
Garantien durch Bürgschaften.

Ausser den vorerwähnten Garantien, welche das innere
Staatsrecht den Gläubigern gewährt, kennt die Politik auch
eine völkerrechtliche Garantie durch auswärtige Mächte,
insofern als ein oder gewöhnlich mehrere Staaten für die
Anleihen eines andern Staates Bürgschaft leisten. So hat in
neuerer Zeit das deutsche Reich in Gemeinschaft mit Oesterreich-
Ungarn, Frankreich, Grossbritannien, Russland und der Türkei
eine solidarische Bürgschaft für eine ägyptische Anleihe im
Effektivbetrage von 9 Millionen Pfund Sterling übernommen.
(Reichsgesetz vom 14. November 1886.) Solche Bürgschaften
wurden von mehreren Staaten zu gunsten solcher Schuldner
schon eingegangen, welche nur Privatunternehmer, aber keine
Staaten waren. So wurde durch deutsches Bundesgesetz
vom 11. Juni 1868 das Bundespräsidium ermächtigt, in
Gemeinschaft mit Grossbritannien, Frankreich und Oesterreich
die Bürgschaft für ein von der Donauschifffahrtskommission

---

[1]) Roscher, Bd. IV, § 136, mit Anm. 1.

behufs Herstellung der dauernden Fahrbarkeit des Sulina-
Armes der Donaumündungen kontrahiertes Anlehen zu übernehmen.

Wenn Roscher diese Bürgschaften entweder als unpraktisch
oder für die Unabhängigkeit des borgenden Staates gefährlich
bezeichnet [1]), so ist diese Behauptung nur teilweise richtig.
Es ist ja zuzugeben, dass, wenn ein mächtiger Staat einen
hilfsbedürftigen in dieser Weise protegiert, letzterer nur zu
bald in die finanzielle und damit auch bald in die politische
Abhängigkeit des ersteren gerät, bis eines Tages der Patron
seinen Klienten ganz in seine Obhut nimmt; wenn aber
Roscher die Garantie der griechischen Anleihe deshalb für
gefahrlos für die Souveränität Griechenlands erklärt, weil die
Garanten bisher wenigstens ihrem Schützling gegenüber sehr
uneinig waren, und dies als ein Argument für seine Behauptung
anführt, so schlägt er sich damit ins Gesicht. Denn was
bei einem einzelnen Staate als Bürgen gilt, kann nie von
einer Vereinigung von Grossmächten gesagt werden; denn
hier ist es ja in der Regel die gegenseitige Eifersucht, welche
den protegierten Staat hält; ein Staat, für den man Bürge
steht, hat nach irgend einer Richtung eine Bedeutung, und
sei es auch nur in den Augen eines einzelnen Staatsmannes,
und man wird denselben nicht so ohne weiteres von einem
Rivalen okkupieren lassen. Ein glänzendes Beispiel dieser
Art liefert, wie schon in der Einleitung bemerkt, die Türkei.
Tertius gaudet! Von diesem Gesichtspunkte aus kann man
sich auch „das schrecklichste Zerrbild einer solchen Garantie" [2])
erklären, welches das Verfahren Napoleons gegen Preussen
darstellt, der durch die Hoffnung, hieraus noch von Preussen
Geld zu bekommen, abgehalten wurde, diesen Staat völlig zu
vernichten.

Damit wird wohl auch der Vorwurf Roschers fallen, als
sei eine solche völkerrechtliche Garantie unpraktisch: was
die Praxis in der Politik anerkannt hat, darüber braucht die

---

[1]) Roscher, Bd. IV, S. 628.
[2]) Roscher, Bd. IV, S. 629.

Theorie sich weiter keine Sorge zu machen; vom Standpunkte des Gläubigers aus betrachtet, ist es auf jeden Fall sehr praktisch, wenn er sich statt an einen zahlungsunfähigen Staat an vier oder drei leistungsfähige Grossmächte halten kann, von denen meistens eine jede unter den Gläubigern, zu deren Gunsten sie auftritt, eigene Unterthanen haben wird, und somit dem eigenen Fleische eine Wohlthat erweist.

II. Vergleich zwischen Gläubigern und Schuldner.

§ 43.

Leroy-Beaulieu[1]) vergleicht einen Staat, der dem Bankerotte nahe ist, mit grossen Gesellschaften, besonders Eisenbahn-Unternehmungen, die nicht mehr imstande sind, ihren Zahlungsverpflichtungen nachzukommen. Die meisten Bahnen der pyrenäischen Halbinsel befanden sich 1865—70 in einer solchen Lage. Eine Bankerotterklärung hätte den Gläubigern sehr wenig genützt, denn die Bahnen hätten um ein Spottgeld verkauft werden müssen, und der Erlös hätte für den Einzelnen nur einen geringen Teil des Wertes der ursprünglichen Rente dargestellt. Eine Erhöhung des Tarifs hätte sodann den Handel geschädigt, die Aufnahme von Hypothekarschulden Kapital verschlungen, um nur kurze Zeit die Renten zahlen zu können. Gläubiger und Schuldner bequemten sich daher zu einem für beide Teile vorteilhaften Vergleich[2]). So setzten z. B. die portugiesischen Eisenbahnen auf 4 Jahre hinaus die Zinszahlung aus und nahmen dieselbe nachher nicht nur wieder auf, sondern bezahlten sogar die Rückstände. Die Saragossa-Pamplona-Barcelona-Bahn reduzierte in provisorischer Weise ihre Rückstände um ein Drittel. Und wenn hier die Besserung erst später eintrat, so hat dies darin seinen Grund, dass diese Bahn, als sie wieder emporkam, ihre Nettoeinnahmen zur Linderung des durch die Karlisten hervorgerufenen Unglückes verwenden musste. Endlich haben die Eisenbahnen in Nordspanien neue Rententitel geschaffen, um

[1]) cf. Leroy-Beaulieu, l. c., II, S. 487 ff.
[2]) l. c., S. 498,

die Rückstände auszufüllen, und man hat diese neuen Rententitel verschieden hoch gewertet, je nach dem Einkommen des
Unternehmers.

Was hier den verschiedenen Eisenbahnen in so trefflicher
Weise gelungen, warum sollte dies nicht auch ein Staat in
entsprechendem Maße mit Glück durchführen können? Alle
diese Maßregeln, ohne Zustimmung der Gläubiger und ohne
die Absicht, die Zahlungen in vollem Umfange wieder aufnehmen zu wollen, würden einen groben Vertragsbruch, einen
vollständigen Bankerott bedeuten, aber unter den betonten
Voraussetzungen enthalten diese Maßnahmen ein wirksames
Heilmittel gegen ein drohendes Fallissement des Staates, nur
müssen auch die Aussichten zu einer erfolgreicheren Finanzwirtschaft nach der finanziellen wie nach der politischen
Seite hin vorhanden sein. Die Neuwertung der jungen
Rententitel müsste entsprechend dem Verluste der einzelnen
Gläubiger bei einem etwaigen Staatsbankerotte erfolgen.

III. Rechtliche Ausgestaltung der Gesamtrechte der Gläubiger.

§ 44.

a. Vertretungsorgane.

Man kann wohl getrost sagen, dass es heutzutage kaum
mehr einen Staatsgläubiger geben dürfte, der ohne eine der
im Vorhergehenden aufgeführten Garantien einen Staat zu
seinem Schuldner machen würde. Und jeder Schulden kon-
trahierende Staat findet dies auch von vorneherein für selbstverständlich. Die Praxis legt dafür beredtes Zeugnis ab.
Realsicherheit [1]) wurde angeboten und verlangt bei Aufnahme
von Anleihen seitens der Türkei 1881, 1885, 1888; Griechenlands 1887; Serbiens 1884, 1885; Aegyptens 1876, 1877,
1878, 1885; Mexikos 1890; bei der ägyptischen Anleihe von
1876 wurden die Einkünfte aus dem Tabakzoll und noch
andere Einnahmen, bei der von 1877 (Dette privilégée) wurden
die Einnahmen der Eisenbahn und des Hafens von Alexandria,
bei der türkischen von 1881 die Erträgnisse des Tabak-

---

[1]) Eheberg, l. c., S. 331.

monopoles und die Stempel- und Spiritussteuer, bei der mexikanischen von 1893 ein Teil der Zolleinnahmen verpfändet. Allein die wertvollste Verpfändung ist beim Staate illusorisch, wenn diese Verpflichtung auf dem Papier nicht verwirklicht werden kann. Dies können einem Staate gegenüber aber nur die Vertretungsorgane der Gläubiger der kreditierenden Staaten thun. Sie müssen den schuldenden Staat nötigen, entweder streng auf dem Wege des Rechtes zu bleiben, oder sich als einen Betrüger durch die leiseste Abweichung von demselben zu brandmarken. Dies kann aber nur durch eine von der gewöhnlichen Oberleitung der Finanzen ganz unabhängige Schuldenverwaltung geschehen. So machte die Kabinetsordre vom 9. Juni 1821 in Preussen die Staatsschuldenverwaltung in allen Schuldsachen zur Oberbehörde der Regierungen, von den Departements-Ministern ganz unabhängig, unmittelbar unter dem Könige stehend. Die Mitglieder, vom Könige aus Präsentierten des Staatsrates ernannt, hatten einen besonderen Diensteid; Rechnung wurde nur dem Staatsrate abgelegt. (Verordn. vom 27. Januar 1820.) Auch in Bayern suchte Montgelas 1810 den Staatskredit dadurch zu heben, dass er die Schuldenverwaltung vom übrigen Finanzwesen gänzlich trennte [1]). Und wenn nun dies bei einem Staatswesen der Fall sein muss, in welchem Gläubiger und Schuldner in dem Verhältnis von Beherrschten und Herrschern einander gegenüberstehen, um wie viel mehr müssen wir dann dieses Erfordernis feststellen, wenn es sich um die internationale Wahrung der Rechte von Staatsgläubigern handelt. Eine Regelung in diesem Sinne erfolgte auch in Aegypten, durch die Dekrete vom 2. Mai 1876 und 18. November 1876.

Als oberstes Vertretungsorgan der Gesamtrechte der Gläubiger möchten wir einen sogenannten Finanzrat empfehlen, bestehend aus den diplomatischen Vertretern der kreditierenden Mächte und des schuldenden Landes. Dieser Finanzrat sollte in letzter Instanz die Aufklärung verlangen können und

---

[1]) Roscher, Bd. IV, S. 630.

erhalten müssen über alle vorkommenden Gesetzwidrigkeiten
und im Falle der Nichtbefolgung der eingegangenen Verpflichtungen zur diplomatischen Intervention befugt sein.
Kraft seines internationalen Charakters und seiner durch das
Völkerrecht sanktionierten Stellung kann er direkt mit dem
Regenten des schuldenden Landes verhandeln, den Finanzminister wegen Verfassungsbruches seines Amtes entsetzen
vorbehaltlich eines Verfahrens vor dem internationalen Gerichtshof, dessen Wesen wir im folgenden Paragraphen
besprechen wollen.

§ 45.

b. **K l a g b a r k e i t   d e r   r e c h t l i c h e n   A n s p r ü c h e.**

Wo ein Recht ist, da verlangen wir auch ein Gericht,
welches demselben zum Siege verhilft. Bluntschli empfiehlt
folgende Regelung der völkerrechtlichen Gesetzgebung und
Gerichtsbarkeit:

A. Für **g r o s s e** Völkerfragen:

a) europäischer Rat, aus sämtlichen Staatshäuptern oder
ihren Stellvertretern, mit ungleicher Stimme (Grossmächte 3, Mittelmächte 2, kleine Staaten 1 Stimme) und

b) ein europäischer Senat, aus Kapazitäten bestehend, von
den Kammern der Einzelstaaten je auf eine Anzahl
von Jahren gewählt. (Grossmächte wählen je 10 Mitglieder, Mittelstaaten 4, kleine 2 Mitglieder). Der
Senat verhandelt öffentlich. Gemeinschaftlich mit dem
Rat beschliesst er die völkerrechtlichen Gesetze und
gibt in grossen Streitfragen seine Meinung ab. Der
Entscheid ist bei dem Rate.

B. Für **k l e i n e** Rechtssachen:
Je nach Umständen ein völkerrechtliches Bundesgericht,
oder ein Schiedsgericht.

C. Für **k l e i n e** Verwaltungssachen:
Stehende Bundesämter (Posten, Telegraphen, Eisenbahnen,
Schifffahrt)
bestellt von dem europäischen Rat[1]).

---

[1]) Pflug, l. c., S. 65.

Wohl gibt es da und dort Gesetze, betreffend die Minister-
verantwortlichkeit, allein sie stehen auf dem Papiere; und
sollte auch der Fall ihres Gebrauches einmal gegeben sein,
so würde, wenn das Parlament diese Gelegenheit einmal
übersehen würde, damit der Staat noch nicht zusammen-
brechen. Allein eine Verletzung völkerrechtlicher Verpflichtungen eines Staates oder die Möglichkeit einer strengen
Ahndung würden jeden Kredit auf das empfindlichste schädigen
und das Vertrauen der Mächte zu einander noch mehr
erschüttern, als es die Politik ohnedies schon zu thun pflegt.
Alle Garantien und Verpfändungen, alle Versprechungen
würden damit lächerlich, zur hohlen Phrase werden. Deshalb
ist eine international gesicherte Zulässigkeit des Rechtsweges
unerlässlich. Vor allem müssen die Garantien der Unpartei-
lichkeit und Unabhängigkeit des Gerichtshofes dadurch
gesichert sein, dass er wirklich aus internationalen richter-
lichen Organen gebildet ist. Die Bestimmungen über die
Organisation, die Verhältniszahl der ausländischen zu den
inländischen Richtern bestimmt am besten der internationale
Finanzrat. Den Vorsitz soll stets ein von dem Gerichtshof selbst zu ernennendes ausländisches Mitglied führen, die
Richter sind von dem Finanzrat zu ernennen, dem auch die
Disziplin über das Gericht zustehen soll. Versetzungen und
Beförderungen sollen nur von den betreffenden Regierungen
ausgehen. Zur Garantie einer gewissenhaften Rechtsprechung
empfiehlt es sich, zwei Instanzen zu bilden, deren zweite ein
Appellhof sein soll. Zur Durchführung des materiellen
Rechtes bedürfen wir aber auch ein formelles Recht, und daher
muss das Verfahren vor den internationalen Gerichten nach
einem ebensolchen Prozessrechte vor sich gehen. Soweit die
Zuständigkeit der gemischten Gerichte reicht, sind den Gläubigern im Auslande alle Garantien für ein gerechtes Urteil
gegeben. Allein mit einem Urteile ist den Gläubigern noch
nichts gedient, wenn nicht auch zugleich die Sicherheit seiner
Durchführbarkeit gegeben ist. Es ist daher praktisch von
der allergrössten Wichtigkeit, dass nach dem internationalen
Prozessrechte die Zwangsvollstreckung aus Urteilen gegen

den schuldenden Staat zugelassen ist. Fragen wir nach den Objekten der Zwangsvollstreckung, so ist natürlich, dass hier alle diejenigen Güter ausgeschlossen sind, welche für den Gebrauch und Dienst des Volkes oder der Behörden bestimmt sind, oder bei welchen die Zwangsvollstreckung schon kraft internationaler Rechtsvorschrift ausgeschlossen ist. Ebenso wird die Möglichkeit der Zwangsvollstreckung in die baren Gelder des Staates nur dann gegeben sein, wenn dieselben nicht ausschliesslich dem Staats- oder Volkswohle dienen. Dies ist aber nur dann der Fall, wenn die Befriedigung der Bedürfnisse, denen sie dienen sollen, unumgänglich notwendig ist. Direkt kriegerische Maßregeln, wie Beschlagnahme von Staatsvermögen, Wegnahme von Kolonien, Flottendemonstration mit Bombardement, Blockade dürfte sich nur unter ganz besonderen Umständen rechtfertigen lassen [1]).

4. Kapitel.
Massnahmen nach einem Staatsbankerotte.
§ 46.

Noch schwieriger als das Problem, einem Staatsbankerotte vorzubeugen, ist für den Staatsmann die Aufgabe, nach dem hereingebrochenen Unglücke die Gläubiger einigermaßen für ihre Verluste zu entschädigen und so zufrieden zu stellen, dass das Kreditwesen des schuldenden Staates nicht einen bedeutenden Schaden erleidet. Wenn z. B. ein wirkliches Unglück über den Staat gekommen, wie ein unverschuldeter Krieg, und sein Kreditwesen nicht ganz zerstört, die Schulden nicht so gross und die Hilfsquellen der Regierung nur geschwächt waren, so dass momentan Zahlungsunfähigkeit eintrat, so kann ein geschickter Finanzminister durch gelungene Kreditoperationen den nur erschütterten Kredit leicht wieder herstellen. Gelingt es ihm vielleicht sogar noch, die Gläubiger ganz zu entschädigen, so hat er sich damit in den Augen der anderen Staaten zu einem glänzenden Erfolge emporgeschwungen. So weist Nebenius [2]) auf Russland hin, das

---

[1]) Pflug, l. c., S. 84.
[2]) l. c., S. 480.

sich durch die Entschädigung, welche es den Gläubigern der holländischen Schuld leistete, nachdem die Verzinsung derselben mehrere Jahre hindurch unterbrochen war, ohne Zweifel die Sympathien der Kapitalisten erwarb und sich einen guten und soliden Kredit verschaffte. Ist dagegen das Gelingen der Kreditoperationen zweifelhaft, sind die Papiere in die Hände von Spekulanten übergegangen, so kann, wenn sich der Staat nicht beim Bankerotte die Hände gebunden hat, die Wiederherstellung der Schuld nicht angeraten werden. Als ein vollkommenes und gerechtes Verfahren muss es dagegen bezeichnet werden, wenn, wie Rau in seiner politischen Oekonomie berichtet, die österreichische Verordnung vom 20. Juni 1849 den Gläubigern die Wahl liess, die Zinsen bar oder in verzinslichen Schuldscheinen zu empfangen; die Verordnung vom 1. September 1842 hob jedoch die erstere Verordnung auf für Coupons und Gewinnste an Anlehenslosen. 1840 beliefen sich diese kapitalisierten Zinsen und Prämien auf 1½ Millionen Gulden.

Man hat als Mittel gegen den bankerottierenden Staat auch schon Retorsion und Repressalien vorgeschlagen. Bei der Retorsion (von retorquere) übt der Staat in den Schranken der Wiedervergeltung oder Talion einen Zwang aus, indem er in analogen Verhältnissen gegen den Urheber des als Unbilligkeit empfundenen Verhaltens ein gleiches Verhalten beobachtet [1]).

Es würde dann diese Retorsion im Falle des Staatsbankerottes darin bestehen, dass die Schuldner des bankerottierenden Staates ebenfalls ihren Schuldverpflichtungen nicht nachkommen, und das hiesse ein Unrecht mit einem zweiten wieder gut machen wollen. Unter einem ganz anderen Gesichtswinkel würde dieses Verfahren betrachtet werden müssen, wenn diese Ausgleichung durch einen Kompromiss, also eine Art Kompensation stattfinden würde. Dies wäre im Grunde nur zu billigen. Repressalien sind völkerrechtliche Rachehandlungen, sie sind gewaltthätige Handlungen eines Staates gegen einen anderen oder dessen Angehörige, zu dem

---

[1]) Ullmann, Völkerrecht, Freiburg i. B., 1898, S. 301.

Zwecke, sich eine Genugthuung wegen erlittenen Unrechtes zu verschaffen, wobei es gleichgiltig ist, ob der Akt der Selbsthilfe in einer Handlung derselben Art besteht wie die Verletzung oder nicht[1]). Mit Recht hebt Pflug[2]) hervor, dass in vorliegender Materie nur die negative Repressalie, bestehend z. B. in der Nichterfüllung aller mit dem bankerottierenden Staate abgeschlossenen Verträge zulässig sei. Wenn er dagegen die Friedensblokade in einem solchen Falle verwirft[3]), weil dieselbe im Völkerrecht überhaupt nur bei ganz schweren Rechtsverletzungen angewendet zu werden pflegt, so dürfte nach unserer Ansicht ein Bankerott, der bei manchen Gläubigern die Existenzfrage auf das Deutlichste in den Vordergrund rückt, doch Grund genug sein, diese Maßregel zu rechtfertigen. Als das wirksamste und praktischste Mittel der Ordnung der pekuniären Verpflichtungen mehrerer Staaten aber dürfte das Schiedsgericht zu erachten sein, sei es, dass dasselbe durch Staaten, Souveräne, Gerichtshöfe oder einzelne Privatpersonen ausgeübt wird, denn der Schiedsrichter steht über den Parteien, und es dürfte sich stets empfehlen, dass die Staaten gleich von vornherein in ihren Verträgen über ihre Schuldverhältnisse nicht versäumen, die sogenannte kompromissarische Klausel aufzunehmen, in welcher sich die Kontrahenten verpflichten, eventuelle Streitigkeiten aus dem Vertrage durch ein Schiedsgericht schlichten lassen zu wollen. In anderen Verträgen, wie in Handels-, Schiffahrts-, Post- und Konsulars-Verträgen wird dieses Verfahren schon lange beobachtet[4]). Und auch in anderer Zeit ist in Verträge zwischen Staaten und Ausländern speziell über Staatsanleihen im Hinblick auf zukünftige Streitigkeiten eine Schiedsgerichts-Klausel aufgenommen worden[5]). Gerade das, was ein Schiedsgericht auszeichnet, dass es meistens nicht nach unelastischen, streng festgelegten

---

[1]) Ullmann, l. c., S. 303.
[2]) Pflug, l. c., S. 56.
[3]) l. c., S. 57.
[4]) Ullmann, l. c., S. 300.
[5]) Pflug. l. c., S. 62 mit Anm. 2.

Rechtsregeln, sondern nach einem eigenen, freien und sach-
verständigen Ermessen, unter vollkommener Würdigung aller
momentan gegebenen Verhältnisse entscheiden, und die maßgebenden Gesichtspunkte für die Zukunft administrativ wie
juristisch normieren kann, das ist es, was ihm den ersten
Rang unter den internationalen Gerichten verleiht.

5. Kapitel.
Wert und Bedeutung auswärtiger Anleihen überhaupt.
§ 47.

Es erübrigt nur noch, ein Wort über die auswärtigen
Anleihen überhaupt zu sprechen. Es kann sich bei Erörterung
dieses Themas nur um die Bedeutung der auswärtigen Anleihen
im Vergleich zu den im Inland aufgenommenen handeln. Der
inländische Kapitalist wird natürlich nur dann Anlage seines
Kapitales im Auslande suchen, wenn die Bedingungen für eine
solche entweder gar nicht oder nicht in der gewünschten
Weise im Inland gegeben sind. Andererseits wird ein Staat
nur dann vom Auslande borgen, wenn die eigene Volkswirtschaft ihm nicht die nötigen Mittel liefern kann. Dabei wird
er aber stets einen Hauptgrundsatz befolgen müssen: Wahrung
seiner Unabhängigkeit, und diesem Erfordernis leistet er dann
am ehesten Genüge, wenn er seine Anleihen bei verschiedenen
Staaten aufnimmt; damit schafft er sich eine Unabhängigkeit
von der Politik seiner Gläubiger, welche ihm allen Wandlungen
in dem Auf- und Niedergang der einzelnen Völker gegenüber
gefeit zeigt. Selbst im Kriege zwischen Gläubiger und
Schuldner bleiben die finanziellen Rechte unangetastet, ein
Grundsatz des modernen Völkerrechtes, den England während
des grossen Krieges von 1793—1815 wohl eingehalten und
Russland in dem Réglement de la commission d'amortissement
feierlich anerkannt hat. Die Schulden Frankreichs und Eng-
lands sind infolge des grossen Nationalreichtums meist im
Inlande untergebracht. Von den englischen Staatsschulden
befanden sich bereits 1762 kaum 15 % in den Händen von
ausländischen Gläubigern; heute ist der Prozentsatz noch

unerheblicher. Ausserdem haben noch vorwiegend inländische Schulden Deutschland, Belgien, die Niederlande und die Schweiz. Mehr an das Ausland verschuldet sind Russland, Oesterreich-Ungarn, Italien, Spanien, Rumänien, Türkei, Griechenland und Aegypten [1]).

§ 48.

S c h l u s s.

Wir sind am Schlusse unserer Ausführungen angelangt. Wir haben die Staatsanleihen von ihrer Geburt bis zu ihrem Tode verfolgt; wir haben die neuesten Finanzorganisationen kennen gelernt, und wir können nur schliessen mit den Worten Meilis, dass ein Staatsbankerott nur dann beseitigt werden kann, wenn alle diejenigen Quellen verstopft werden, welche zu ihm führen [2]). Und damit hat er eigentlich stillschweigend zugegeben, dass man dem Staatsbankerotte am wirksamsten vor seinem Eintreten zu Leibe rücken kann. Denn die Quellen zum Staatsbankerotte liegen in einer schlechten Finanzwirtschaft, also ist das Haupterfordernis eine „Kur des internen Rechtes". Mögen die neuesten Maßregeln des internationalen Rechtes theoretisch noch so schön konstruiert sein, thatsächlich ist ein Staat, der in einer solchen Weise bevormundet wird, kein Staat mehr, denn seine Souveränität ist zu einer Phrase herabgesunken, und sein Gebilde ist nurmehr eine die Völker warnende Illustration zu des grossen Dichters Wort: „Die Weltgeschichte ist das Weltgericht."

---

[1]) Lehr, l. c., S. 829.
[2]) Meili, l. c., S. 82.